Le marketing des émotions

Pourquoi Kotler est obsolète ?

Éditions d'Organisation
Groupe Eyrolles
61, bd Saint-Germain
75240 Paris cedex 05

www.editions-organisation.com
www.editions-eyrolles.com

Chez le même éditeur, du même auteur :

Le blues du consommateur, 2005
Et la gentillesse dans tout ça ?, 2007
To buzz or not to buzz ?, 2007
La vérité sur les gestes, 2007

© Groupe Eyrolles, 2008
ISBN : 978-2-212-54070-3

Georges CHÉTOCHINE

Le marketing des émotions

Pourquoi Kotler est obsolète ?

EYROLLES

Éditions d'Organisation

Je dédie ce livre à
Emiliana Gomez Abbad Barriocanal Chétochine,
ma maman, pour ses cent ans.

Sommaire

Introduction 1

Chapitre 1 **Il était une fois l'émotion** 7

    État des lieux 7

    L'expérience du ressenti émotionnel a peut-être
    changé le monde 9

    Avant toute chose, la nécessité de vider
    sa « boîte noire » 13

    Le mauvais coup fait au concept marketing 15

    Retour sur les origines du marketing 16

    Ce qu'il faut oser dire pour vider complètement
    sa « boîte noire » 26

    L'incertitude demeure 27

Chapitre 2 **De la marque rationnelle à la marque
émotionnelle** 29

    La fonction pavlovienne du plaisir de la marque 31

    Les satisfactions et plaisirs attendus 34

    La variable anxiogène de la marque 36

    Pourquoi, dans certains cas, choisit-on la marque
    la plus chère ? 40

    Pourquoi, dans certains cas, choisit-on la marque
    la moins chère ? 47

    Pourquoi certaines marques résistent-elles aux prix ? 49

    Pourquoi certaines marques ne résistent-elles
    plus aux attaques de prix ? 52

Le cycle de vie des marques 54

La relation aux acheteurs de la distribution 57

La mise en question de la marque ombrelle 63

Nouvelle communication pour la marque 66

L'incidence des vendeurs sur la marque 76

Chapitre 3 Quelle émotion pour les marques d'enseigne et de service ?... 79

Pour une nouvelle approche des marques d'enseigne 80

L'exemple des centres distributeurs E. Leclerc 81

Ce qui définit la marque « combat » 85

Les marques d'enseigne « plus » 91

Les éléments stratégiques de la marque
de « notoriété » 92

Les marques de service 95

Chapitre 4 Le paradoxe du choix et le paradigme de la rupture.. 99

Le choix rend-il vraiment heureux ? 100

Qu'est-ce qu'être heureux ? 103

La civilisation de l'hyperchoix 105

Les stratégies et mécanismes du choix 107

Client ou subisseur ? 109

Redéfinir le concept de « client » 112

Transformer les utilisateurs ou subisseurs en clients 113

Le partage des émotions 120

Déterminer l'évolution des comportements 121

L'effet d'atterrissage 128

Profit par produit ou profit par client ? 129

Product switch level (PSL) 130

La traçabilité du client 131

La notion de communauté marketing 133

Est-il possible de marier le marketing traditionnel
au marketing émotionnel ? 134

**Chapitre 5 Les remises en question du marketing
de l'émotion**... **141**

    L'émotion et le temps 141

    Le transfert d'émotion obéit à certaines règles... 152

    L'émotion écologique 172

    Le marketing alternatif 173

    L'architecture de nos choix et de nos émotions 179

Conclusion... **181**

Bibliographie... **185**

Index général... **189**

Index des noms propres et des marques......................... **193**

Introduction

Il existe plus d'une centaine de définitions du mot « émotion ». En fait, le seul point sur lequel tout le monde s'accorde, c'est que le concept est difficile à définir. Une première difficulté provient probablement du fait qu'il s'agit d'un terme du langage populaire. De plus, la définition varie en fonction du point de vue théorique adopté par les différents auteurs...

Le mot « émotion » vient du latin « *emovere, emotum* » (enlever, secouer) et de « *movere* » (se mouvoir). En effet, les dictionnaires du XVIIᵉ et du XVIIIᵉ siècles décrivent les émotions en termes de « mouvement », c'est-à-dire en usant d'un vocabulaire comportemental. Cependant, le mot « mouvement » peut aussi, dans l'acception de l'époque, se référer à des « mouvements de l'âme », c'est-à-dire à des états subjectifs internes. Déjà dans le *Dictionnaire de l'Académie française*, on trouvait la définition suivante : « *Altération, trouble, mouvement excité dans les humeurs, dans les esprits, dans l'âme. "J'ai peur d'avoir la fièvre", "J'ai senti quelque émotion", "Il n'a plus la fièvre, mais je lui trouve encore quelque émotion, de l'émotion", "Il a trop marché, cela lui a donné, lui a causé de l'émotion", "Ce discours le fâcha, on vit de l'émotion sur son visage", "Il n'en eut pas la moindre émotion", "Il attendit le coup sans émotion", "Il a de l'émotion dans le pouls", "Les émotions du cœur", "Les émotions de la haine et de la colère", "Cet orateur excite de grandes émotions dans l'esprit de ses auditeurs".* » D'après l'étymologie, les émotions produisent donc des changements, psychiques ou comportementaux, mais renvoient aussi à un état d'« ébranlement » (« secouer »). Ces états internes peuvent être positifs (plaisir, joie) ou négatifs (dégoût, anxiété, agression) ; les comportements associés sont respectivement des comportements d'approche ou d'évitement.

Paul et Anne Kleinginna ont analysé et classifié 92 définitions, en montrant qu'il y a peu de points communs entre elles, et que la plupart sont trop vagues. Ils ont suggéré une définition opératoire que nous reprenons à notre compte : « *Les émotions sont le résultat de l'interaction entre des facteurs subjectifs et objectifs, réalisée par des systèmes neuronaux ou endocriniens, qui peuvent :*

- *induire des expériences telles que des sentiments d'éveil, de plaisir ou de déplaisir ;*
- *générer des processus cognitifs tels que des réorientations pertinentes sur le plan perceptif, des évaluations, des étiquetages ;*
- *activer des ajustements physiologiques globaux ;*
- *induire des comportements qui sont, le plus souvent, expressifs, dirigés vers un but et adaptatifs.* »

Dans cette définition, on peut noter la présence de trois composantes fondamentales :

- la composante comportementale ;
- la composante physiologique ;
- et la composante cognitive/subjective.

■ HUMEURS OU ÉMOTIONS ?

Dans son livre *The Nature of Emotion*, Paul Ekman pose des questions à des experts comme, par exemple : « Y a-t-il des émotions de base ? », « Quelle est la fonction des émotions ? », « Quels sont les prérequis cognitifs pour les émotions ? », « Comment distinguez-vous les différentes émotions ? » Plusieurs auteurs, spécialisés dans l'étude des émotions comme Nico H. Frijda, Richard Lazarus, Watson, Clark et Jaak Pankseep ont répondu à cette dernière question en insistant sur la façon dont on peut distinguer les émotions de l'humeur, du tempérament et d'autres constructions affectives. En résumé, leurs réponses signalent que l'émotion se distingue de l'humeur par différents aspects :

- la vitesse de déclenchement (rapide pour les émotions, lente pour l'humeur) ;
- la fréquence d'apparition (faible pour les émotions et élevée pour l'humeur) ;
- l'intensité subjective (forte pour les émotions, faible pour l'humeur) ;
- l'aptitude à identifier les éléments déclencheurs (facile pour les émotions et difficile pour l'humeur) ;
- la durée (quelques secondes ou minutes pour les émotions et plusieurs heures ou jours pour l'humeur) ;
- l'effet sur l'attention (respectivement fort et faible) ;
- la présence d'une composante physiologique et comportementale (respectivement présente et absente) ;
- la spécificité (les émotions permettent l'action, alors que l'humeur modifie les processus cognitifs comme la créativité et la flexibilité) ;
- l'intentionnalité (les émotions concernent un élément précis : « J'ai peur du lion », « Je suis fâché contre X », tandis que ce trait est absent de l'humeur).

■ L'ÉMOTION, LA PERCEPTION ET LA DÉCISION

Dans son ouvrage *Chaire de physiologie de la perception et de l'action*, Alain Berthoz écrit : « *Le cerveau de l'homme, comme celui de l'animal, entretient avec le monde des objets des relations qui classent ces objets suivant qu'ils sont susceptibles de l'aider à survivre, qu'ils sont source de récompense ou de danger, de plaisir ou de punition. Le monde contient des individus vivants, proies ou prédateurs, partenaires ou compétiteurs, par qui peut arriver soit le malheur soit le bonheur. L'émotion, ou plutôt les émotions doivent être prises en compte dans une physiologie de la perception. Nous devons en comprendre les mécanismes et la ou les fonctions. De plus, le cerveau est une machine biologique dont une des propriétés est l'interaction avec les autres. Il faut construire une théorie "inter-actionniste" du fonctionnement du cerveau. Il faut comprendre comment le cerveau, dans l'immense complexité du "monde sensible", sélectionne, choisit les objets, comment sont spécifiés les buts et orientée l'attention et surtout, comment nous pouvons choisir entre plusieurs comportements pour réaliser un même but. Les psychologues nous ont en effet proposé un concept longtemps oublié : celui de "vicariance". C'est l'idée que, pour atteindre un but, obtenir une récompense, nous pouvons choisir plusieurs solutions. Ce choix, cette flexibilité, qui a permis aux animaux d'échapper au fonctionnement rigide et peu adaptatif des réflexes, est une des propriétés fondamentales des organismes, apparue tardivement au cours de l'évolution. J'ai essayé de montrer que les émotions jouent un rôle décisif dans plusieurs des mécanismes que je viens de décrire ; sélection des objets dans le monde, guidage de l'action future en fonction du passé, flexibilité des choix de comportement, stratégies cognitives. »*

Le défi est évidemment immense. Kenneth T. Strongman a identifié pas moins de 150 théories des émotions. Nous avons fait un choix parmi elles pour appuyer notre thèse principale.

■ POURQUOI CE LIVRE

Si l'on en croit Alain Berthoz, et plus généralement tous ceux qui ont écrit sur les émotions, le fait d'acheter ou de ne pas acheter un produit, le choix d'une marque, l'embauche d'un collaborateur ou la construction d'une stratégie ne seraient que la résultante de la mise en route des moteurs de l'émotion ou des émotions dans notre cerveau. Comment, alors, lorsqu'on a passé comme moi une grande partie de sa vie à enseigner le marketing, ne pas se poser la question de savoir si, en sortant des sentiers battus de l'approche classique du besoin du consommateur et en mettant les mécanismes de l'émotion au centre de la réflexion, on ne pourrait pas atteindre un niveau plus perfectible, plus explicatif de la définition des marques, de l'analyse des comportements, de l'étude des consommateurs, des règles du merchandising, de la communication ou de l'animation des forces de vente.

C'est le pari que je fais en écrivant ce livre. D'un côté, il y a la littérature, les recherches, les expérimentations que nous proposent les neurologues, les physiologistes, les psychologues à propos du fonctionnement de notre cerveau et de la création de nos émotions et, de l'autre, il y a ceux qui ont apporté par leur expérience et leur savoir des concepts marketing incontournables, comme la règle des quatre P (de Philip Kotler) ou les notions de *brand equity* (de David Aaker) et de segmentation. Entre ces différents apports, il y a à l'évidence la place pour un « marketing des émotions ».

Les livres cités dans cet ouvrage se retrouvent en bibliographie, ainsi que certains ouvrages d'auteurs cités.

Chapitre 1

Il était une fois l'émotion...

Un monde nouveau commence à s'ouvrir à nous : celui de la compréhension et de la connaissance scientifique des émotions. Depuis l'Antiquité, les émotions sont considérées comme les ennemis de la raison. Platon s'insurgeait contre elles et dénonçait leur pouvoir contaminateur et parasite. Il proscrivait l'écoute de la musique, qui joue trop facilement sur la corde sensible et amène l'homme à l'erreur. Plus près de nous, Descartes tua dans l'œuf l'importance de l'émotion pour l'homme en affirmant l'opposition non conciliable entre « émotion » et « raison ». De son point de vue, seules les pensées conçues par l'âme, et non imposées par les sensations du corps, sont nobles et vertueuses. Les émotions comme le désir sexuel, la gourmandise, la haine, la colère sont pour lui une entrave à la liberté humaine, car elles sont imposées par des forces extérieures.

■ ÉTAT DES LIEUX

Dans son remarquable livre *La Chimie de nos émotions*, Sébastien Bohler fait le point sur ce que nous savons aujourd'hui du rôle des émotions dans notre quotidien, aussi bien dans notre travail que dans le choix de nos marques ou de nos stratégies les plus affinées. Dans un sens, fait-il remarquer, Platon était dans le vrai ; la peur peut effectivement troubler le jugement. En voici pour preuve l'expérience suivante. On demanda à des étudiants de réaliser des petits travaux de calcul mental, en les stressant et en les mettant sous pression par différents moyens. Ces étudiants commirent alors de graves erreurs, inacceptables pour leur niveau universitaire. La raison en est simple ; la peur provoque dans le cerveau la libération d'hormones qui entravent le fonctionnement des zones nécessaires au raisonnement abstrait. Dans ce cas, nous constatons donc la perte d'une partie des capacités de raisonnement.

Mais la peur peut aussi exercer une pression sur le psychisme. Ainsi, lorsqu'on met un rat dans une cage, où l'on a pris le soin de placer un tapis électrifié, et qu'on lui envoie des décharges désagréables, le rat n'apprécie pas – ce qui n'est pas pour nous étonner. Ce qui est à noter, c'est qu'à chaque fois qu'il revient dans cette cage, il ressent la même peur, alors qu'il n'y a plus de courant dans le tapis. Il en est de même pour l'homme. Si vous avez eu un grave accident en un endroit déterminé, chaque fois que vous repasserez à ce même endroit vous ressentirez une émotion désagréable. Vous serez, en fait, prisonnier des images que votre cerveau aura captées à ce moment-là, et qui remontent à la surface à l'instant précis où vous passez à l'endroit fatidique. Si, dans votre supermarché, vous savez que vous allez attendre aux caisses parce que, par manque de chance, vous tombez sur la caissière la plus lente, alors, rien que le fait de voir deux personnes devant vous attendre pour payer vous énerve ; vous imaginez que vous n'avez pas de chance, que vous êtes maudit, etc. À l'inverse, si vous avez connu un grand moment de bonheur en un lieu bien précis, chaque fois que vous y repasserez, vous penserez à celui ou celle avec qui vous l'avez partagé.

Outre la peur, la faim peut aussi troubler le jugement. Une expérience a été menée avec des consommatrices qui devaient faire leurs achats en supermarché en fin de matinée. Certaines étaient à jeun, tandis que d'autres avaient pris un petit-déjeuner copieux. On observa que les consommatrices à jeun remplissaient leur caddie essentiellement de nourriture, négligeant les autres produits comme ceux destinés à l'entretien ou le papier hygiénique, alors que celles qui avaient pris un substantiel petit-déjeuner achetaient aussi des produits non alimentaires. Dans un tout autre ordre d'idées, nous savons très bien que, pour obtenir ce que nous voulons tout de suite, un iPhone par exemple, nous sommes prêts à sacrifier nos économies, alors que nous pourrions acheter le produit moins cher si nous attendions un peu. En effet, nul n'ignore que le coût de ces produits nouveaux baisse de 50 % après les vagues de lancement.

■ L'EXPÉRIENCE DU RESSENTI ÉMOTIONNEL A PEUT-ÊTRE CHANGÉ LE MONDE

Dans les années 1990, le neurologue américain Antonio R. Damasio, avec l'aide de ses assistants Antoine Bechara, Hanna Damasio et Steven Anderson, réalisa une série d'expériences sur le « jeu de poker » qui révélèrent combien l'homme, dans ses choix, est guidé d'abord par ses émotions, et non par sa raison comme on veut trop souvent nous le faire croire (lire de cet auteur *L'Erreur de Descartes*). En d'autres termes, le consommateur choisirait plutôt ses marques, son supermarché, son maire ou son président de la République sur un ressenti émotionnel que sur la compréhension d'un programme ou une offre rationnellement intéressante.

L'expérience est simple. Le sujet, dénommé le joueur, s'assoit devant quatre paquets de cartes baptisés A, B, C et D. Il se voit attribuer un prêt de 2000 $ en billets de jeu, comme au Monopoly®. On lui annonce que le but du jeu est de perdre le moins possible sur la somme d'argent qui lui est avancée et d'essayer d'en gagner le plus possible. Le jeu consiste à retourner des cartes, une à la fois sur l'un des paquets, jusqu'à ce que l'expérimentateur demande d'arrêter. Le joueur ignore le nombre de cartes qu'il pourra retourner d'ici la fin du jeu. On l'informe que toute carte retournée se voit décerner une certaine somme d'argent et que, de temps en temps, certaines cartes se traduiront à la fois par un gain pour lui et par une somme à payer à l'expérimentateur. Mais, lorsqu'il commence le jeu, on ne lui dit ni le montant des gains ou des pertes associés aux cartes, ni la façon dont ces gains et ces pertes sont distribués en fonction des paquets A B C et D, ni l'ordre d'apparition des cartes. Le montant de la somme gagnée ou à payer n'est donné qu'après que la carte a été retournée. Le bilan des gains et des pertes n'est pas relevé et il est interdit au joueur de prendre des notes. S'il retourne une carte du premier ou du second paquet (A ou B) il peut recevoir 100 $, et s'il retourne une carte du troisième ou du quatrième tas (C ou D) il ne peut recevoir que 50 $.

Tandis que le joueur retourne les cartes des paquets A et B (là où il peut gagner 100 $), il peut aussi perdre jusqu'à 1 250 $. Dans les paquets C et D (là où il ne gagne que 50 $), il peut aussi être taxé d'une perte d'une somme moins élevée allant jusqu'à 100 $. Ces règles non révélées ne sont jamais changées. À l'insu du joueur, le jeu va s'arrêter après qu'il a retourné 100 cartes. Le joueur est dans l'impossibilité de prévoir au départ ce qui va se passer. Il ne lui est pas possible de garder en mémoire un bilan précis de ses gains et pertes au fur et à mesure que le jeu se déroule. Ce jeu est à l'image de la vie, où l'incertitude règne et où nous acquérons, fragment par fragment, petit à petit, la plus grande partie des connaissances qui nous permettent de survivre et de « tirer des plans sur la comète ».

Damasio observe alors le comportement des joueurs. Les individus « normaux » procèdent généralement de la façon suivante :

1. Ils commencent par tester chacun des paquets de cartes à la recherche d'indices.

2. Puis, le plus souvent, ils tirent des cartes dans les paquets A et B, attirés par le gain (où ils gagnent et perdent).

3. Peu à peu, avant d'avoir tiré les trente premières cartes, ils préfèrent les paquets C et D, où la perte et le gain sont moindres.

4. Ils s'en tiennent à cette dernière stratégie, sauf les joueurs qui tentent « le tout pour le tout ».

Comme il est impossible aux joueurs de faire un bilan précis des pertes et des gains, c'est progressivement qu'ils acquièrent l'impression que les paquets A et B sont plus dangereux que les C et D.

Damasio reproduisit l'expérience avec des patients atteints de lésions frontales ventro-médianes. On note que ces sujets ont agi dans le cadre de ce jeu de cartes comme ils le font dans la vie depuis qu'ils ont subi leurs lésions, après un accident d'automobile par exemple. Leur comportement a été diamétralement opposé à celui des individus normaux : après avoir commencé par faire des essais en piochant dans tous les paquets, ces patients ont systématiquement retourné des cartes dans les paquets A et B, et de moins en moins dans les paquets C et D. De la sorte, ils commençaient à gagner plus d'argent, mais les pénalités très élevées dont ils ne cessaient d'être taxés les conduisaient à la faillite dès le milieu de la partie. Il fallait donc leur prêter de l'argent pour qu'ils continuent à jouer. L'expérience a été de nouveau réalisée quelque temps plus tard avec ces mêmes joueurs, mais avec des cartes et une distribution dans les paquets différentes. Les patients ont continué à jouer comme ils le faisaient précédemment, c'est-à-dire en persistant dans leur erreur. Que se passait-il dans leur cerveau souffrant de lésions frontales ? Voici la liste, selon Damasio, des hypothèses possibles :

1. Ces sujets n'étaient plus sensibles aux punitions, mais seulement aux récompenses.

2. Ils étaient devenus tellement sensibles aux récompenses que la simple présence de celle-ci les amenait à ne pas prendre conscience des punitions.

3. Ils étaient encore sensibles aux punitions et aux récompenses, mais ni les unes ni les autres ne pouvaient être prises en compte dans le système des marqueurs somatiques.

Pour essayer de mieux comprendre ce qui se passait en eux, Antoine Bechara mit au point un autre jeu, dont le principe consistait à inverser la programmation des punitions et des récompenses. Les punitions venaient en premier sous la forme de gros ou de faibles payements chaque fois que le joueur retournait une carte, tandis que les récompenses se produisaient de temps en temps, à l'occasion du retournement de certaines cartes. Dans les paquets A et B, on perdait plus d'argent que dans les paquets C et D. On remarqua alors que les sujets atteints de lésions frontales apprenaient rapidement à éviter le paquet d'où avait été tirée la mauvaise carte mais, contrairement aux sujets normaux, ils revenaient toujours à ces paquets. Ils étaient bien sensibles aux punitions, mais les effets de ces dernières ne semblaient pas durer longtemps, car elles n'étaient pas prises en compte pour la formulation des prédictions concernant les perspectives futures. Les lésions frontales chez les patients mettent ainsi non seulement à mal tous les acquis accumulés jusque-là, mais empêchent toute nouvelle acquisition.

Damasio suggéra d'observer la variation de la conductance cutanée des sujets normaux et des patients atteints de lésions frontales en procédant à la mise en place de capteurs électriques. Aussi bien les patients normaux que ceux atteints de lésions frontales présentèrent des conductances, c'est-à-dire des variations électriques, lors de chaque récompense ou punition survenue après le retournement d'une carte donnée. En d'autres termes, dans les quelques millisecondes suivant la réception de leur récompense monétaire ou l'exécution de leur pénalité, tous les sujets ont éprouvé une réaction émotionnelle, ce qui a été marqué par une variation de la conductance de la peau.

Une fois un certain nombre de cartes retournées, un phénomène intéressant a été constaté sur les sujets normaux. Dans la période précédant immédiatement le choix d'une carte au sein d'un « mauvais » paquet, c'est-à-dire tandis que les sujets supputaient qu'il fallait retourner une carte qui ne serait pas mauvaise, ils manifestaient une variation de la conductance électrique de la peau ; leur cerveau était en train d'apprendre à prévoir un mauvais coup et à délivrer des messages signalant le caractère mauvais de tel paquet avant de retourner la carte. L'ampleur de la variation de conductance de la peau est allée croissante au cours du jeu. Cette expérience révèle que les sujets normaux étaient capables d'apprendre quelque chose d'important concernant les conditions du jeu et que leurs cerveaux pouvaient envoyer des messages signalant par anticipation ce qui n'allait pas être bon dans le futur immédiat. On a noté, en revanche, que les sujets atteints de lésions frontales n'avaient aucune présence de signes anticipateurs ; ils étaient incapables d'apprendre ce qu'il fallait préférer ou éviter. Damasio, pour conclure, montra par cette expérience que le jeu de poker ressemble à la vie : seule la prévision, l'anticipation émotionnelle permet de survivre.

Damasio met ici en lumière l'existence d'une zone du cerveau qui enregistre les émotions et les réactive pour nous faire sentir, ensuite, si un acte nous est favorable ou défavorable. Cette zone, située à l'avant du cerveau, se nomme le cortex préfrontal ventral médian. L'expérience montre que, quand cette zone du cerveau est détruite par la rupture d'un vaisseau sanguin cérébral, les gens n'ont plus la capacité de s'appuyer sur leurs émotions pour guider leurs choix.

Depuis Damasio, on ne peut plus soutenir que les choix résultent d'un raisonnement entièrement rationnel. En d'autres termes, le marketing ne peut plus être rationnel. Posons-nous la question de savoir si nous choisissons nos marques comme le font les joueurs dans l'expérience de Damasio. Prenons-nous la décision de lancer un nouveau produit par une logique stricte, ou laissons-nous aller nos émotions là où se trouve le succès ou l'échec ?

■ AVANT TOUTE CHOSE, LA NÉCESSITÉ DE VIDER SA « BOÎTE NOIRE »

Tous les avions, petits ou gros, ont une boîte noire. Elle se trouve quelque part dans la carlingue. Elle contient tout ce qui s'est dit entre le commandant de bord et le copilote. C'est la mémoire de l'avion. Grâce à elle, on peut retrouver l'enregistrement des manœuvres réalisées comme les informations sur le comportement des indicateurs de vol. S'il y a un crash, les informations contenues dans cette boîte permettent de comprendre ce qui s'est réellement passé et de définir de nouvelles procédures pour éviter que le pire ne se produise à nouveau. C'est en quelque sorte la mémoire émotionnelle des pilotes (les mots prononcés, le ton de voix adopté, les exclamations) comme la mémoire de l'appareil (les réactions du moteur, de la carlingue, des commandes) ; les interrelations pilote/appareil y sont détenues.

Lorsqu'un vendeur doit affronter la colère d'un client mécontent ou l'attitude dédaigneuse d'un prospect difficile, quelque part dans son cerveau ressurgit une foultitude d'images et de mots provenant de ses expériences émotionnelles passées. On y trouve d'abord les derniers reproches et critiques que font tous les clients à sa marque, à son prix, à son service après-vente, à sa publicité, à son packaging et à son entreprise. Quoi de plus naturel, on retrouve là les conclusions des expériences faites par Damasio, comme celle réalisée sur les rats qui entrent dans une pièce au sol électrifié. Le vendeur emmagasine tout cela au cours de ses contacts et de l'apparition de ses émotions. On y trouve aussi ses angoisses ; il sait par avance ce qu'il va devoir subir. Enfin, on y trouve la panoplie des parades qu'il a préparées ou qu'on lui a indiquées lors des séminaires de formation. De ce fait, avant même que le client ne lui parle, il croit savoir ce que pense ce dernier. Il sait ce qu'on va lui dire, il voit les obstacles qui vont se dresser devant lui. Tout cela est rentré dans sa boîte noire au fur et à mesure de ses prospections, de ses visites : c'est sa mémoire émotionnelle.

Lorsque cette boîte noire est trop pleine, elle déborde toute seule. Ainsi, avant même que le client n'entame sa phrase de reproche, le vendeur, pris par son émotion, va automatiquement parler de son prix trop cher, des erreurs de livraison ou de la mauvaise qualité de son service après-vente. Il va donner inconsciemment des verges pour se faire fouetter ; il va tout simplement se trahir. Pour bien vendre, pour attaquer correctement le client, il faut qu'il vide au préalable sa boîte noire et qu'il oublie ce qui fâche, embrume son esprit ou encore tout ce qu'il a sur le cœur et qui souvent pèse lourd. Il doit savoir dominer ses pulsions naturelles. Et ce qui est vrai pour l'avion et le vendeur, l'est aussi pour les directeurs marketing et les chefs de produits.

Depuis plus de cinquante ans que le concept de marketing a soi-disant été lancé, selon les exégètes de cette science aux États-Unis par John B. Mack Kittrick (alors président de Général Electric), des idées, des théories, des principes, des modes, des croyances, les poncifs les plus divers sont venus jour après jour s'empiler dans nos cerveaux. Toutes ces idées, relayées par des livres, des conférences, des histoires de belles réussites et d'échecs retentissants, magnifiées par les médias, ont ainsi formé une « mémoire émotionnelle » marketing. Peu à peu, ce corpus est devenu une doctrine, puis un « dogme marketing ». Ce dogme est, pour beaucoup, émotionnellement intouchable ; il serait, selon eux, inconvenant de le remettre en question. C'est pourtant ce qui va être fait tout au long de ce livre. Pour que celui-ci puisse avoir un effet d'apporteur de nouvelles idées, de nouvelles façons de voir la relation entreprise/produit/consommateur, pour qu'il ne crée pas d'émotions antagonistes auprès des lecteurs, il convient que soit vidée la boîte noire du lecteur à l'endroit même des émotions qu'il pourrait avoir sur la remise en question des théories de la marque, de celles du besoin du consommateur ou de la promotion et des quatre P.

■ LE MAUVAIS COUP FAIT AU CONCEPT MARKETING

Il suffit qu'un politique – président de la République, ministre ou autre – fasse une visite inopinée un soir de Noël dans un hôpital d'enfants atteints d'une maladie grave (à l'évidence pour s'attirer la bienveillance des électeurs et remonter dans les sondages) pour que, tout de suite, les journalistes et commentateurs de télévision disent : « *Ah ! Là, il a fait un beau coup marketing !* »

Nous sommes coutumiers de ces actions de pub. Le président George W. Bush ne s'est-il pas servi des ruines de Ground zéro le 11 septembre 2003 pour redorer son blason ? Le président Nicolas Sarkozy n'est-il pas un grand amateur de ces visites inattendues aux enterrements de cardinaux, de marins pêcheurs perdus dans la tempête, ou aux cheminots en grève ? Oui, bien sûr, tous les politiques font de même. Ils ont besoin d'être vus à la télévision et de profiter d'une émotion collective pour s'identifier à elle et se l'approprier. Il s'agit simplement de coups de pub, et en aucun cas de stratégie marketing. Bien avant nos présidents modernes, César, Louis XIV, et Napoléon Bonaparte utilisaient de telles approches pour manifester leur puissance, redorer leur blason ou faire payer de nouveaux impôts.

Il faut se méfier comme de la peste de cette usurpation du mot « marketing ». Laisser dire que Nicolas Sarkozy, George W. Bush et les autres font du marketing lorsque leurs conseillers trouvent le matin en se rasant quelque chose pour attirer l'attention, c'est laisser faire croire que le marketing est un outil strictement de manipulation au service de personnes avides de notoriété. Laissons aux publicitaires et autres relations publiques cette fonction, et vidons cela de notre boîte noire !

■ RETOUR SUR LES ORIGINES DU MARKETING

Dès les années 1965, lorsque l'on présentait ce qu'était le marketing, nouvelle science venue des Amériques, à des chefs d'entreprise ainsi qu'à leurs ingénieurs et que l'on expliquait le contenu de ce tout nouveau concept, il n'était pas rare de s'entendre dire : « *Ah oui, votre marketing... Mais on en fait déjà ! Comme Monsieur Jourdain faisait de la prose sans le savoir : il n'y a rien de nouveau !* » Par cette phrase, qui faisait sursauter les jeunes consultants évangélistes que nous étions, ces managers voulaient simplement nous dire que le marketing, pour eux, n'était pas autre chose que de l'intelligence et du bon sens pour mieux vendre. Comme nous ne voulions absolument pas, à l'époque, que l'on confonde les gens du marketing avec ceux de la vente, et plus généralement du commercial, comme nous ne disposions que de peu d'exemples et pas encore d'Internet, nous usions de tonnes de salive pour dire que le marketing était lié au produit, à sa relation aux besoins du consommateur, tandis que le commercial, lui, était lié au client, à la vente, à l'argument de vente, à la tchatche des vendeurs, etc. De tout temps, les marketeurs ont voulu se distinguer des commerciaux et des vendeurs. De tout temps, ils ont également voulu ne pas être considérés comme des responsables de la publicité. Pour ce faire, ils se sont toujours abrités derrière des mots et des définitions de plus en plus complexes. C'est pourquoi aujourd'hui il y a autant de définitions du mot « marketing » qu'il y a de publications sur le sujet. On trouve ainsi « le marketing de combat », « le marketing latéral », « le marketing préhistorique », « le nouveau marketing », « le marketing transactionnel » (valeur perçue), « le marketing relationnel » (relation dans la durée), pour ne citer que les plus connus. À ces types de marketing sont venues s'ajouter d'autres définitions :

- « *Le marketing est une conception de la politique commerciale qui part du principe que la fonction fondamentale des entreprises consiste à créer une clientèle et à la conserver, et qui permet aux entreprises d'exploiter au maximum toutes les ressources dont elles disposent.* » (Theodore Levitt)

- « *Le marketing est l'effort d'adaptation des organisations à des marchés concurrentiels, pour influencer en leur faveur le comportement de leurs publics, par une offre dont la valeur perçue est durablement supérieure à celle des concurrents.* » (Jacques Lendrevie et Denis Lindon)

- « *Le marketing est l'ensemble des techniques et études d'applications qui ont pour but de prévoir, constater, susciter, renouveler ou stimuler les besoins des consommateurs et adapter de manière continue l'appareil productif et commercial aux besoins ainsi déterminés.* » (Philip Kotler)

Mais, en fait, de quoi s'agit-il ? Si nous laissons de côté ces problèmes d'ego ou de chapelle, il nous faut bien reconnaître que l'on n'a pas attendu depuis que le monde est monde toutes ces définitions pour lancer des produits, répondre aux besoins des consommateurs et faire en sorte que les ventes et les profits des entreprises soient excellents. Prenons, pour souligner notre propos, quelques exemples de l'histoire des entreprises d'avant l'ère marketing, d'avant l'ère Havard...

LE CAS GILLETTE

Depuis l'Antiquité, les hommes ont toujours eu le besoin de se raser, que ce soit avec des rasoirs en bronze ou avec des pierres volcaniques. Ils ont, au risque de se blesser en se coupant, pris la décision de présenter coûte que coûte à leur bien-aimée une joue qui ne piquait plus.

En 1895, King Gillette invente le rasoir qui va révolutionner le monde et faire sa fortune. Ce n'est pas un manager, pas plus qu'un entrepreneur. C'est tout simplement un inventeur fasciné par ceux qui réussissent. Il admire William Painter qui, lui, a inventé la capsule pour les bouteilles de bière. Il veut, lui aussi, inventer quelque chose d'aussi simple qui le rendra riche et célèbre. Il cherche une idée comme la capsule, c'est-à-dire quelque chose que l'on utilise, puis que l'on jette. Car si un produit est jetable, le client est obligé de revenir l'acheter à nouveau et c'est un moyen de vraiment gagner de l'argent, se dit-il. Pendant quatre ans, il cherche la poule aux œufs d'or, mais ne trouve rien. Puis un beau matin, alors qu'il se rase devant sa glace, il invente, en un clin d'œil, la lame de rasoir jetable. Jusque-là, rien de bien extraordinaire...

Force est de constater que la plupart des idées germent dans le cerveau des hommes sans aucune préméditation marketing. L'inventeur, parce que c'est bien le nom qu'il faut lui donner, par observation de ce qui l'entoure ou par nécessité de s'en sortir, trouve un jour une idée qui devient l'objet de toutes ses passions. Il est pris par cette chose qui lui est tombée du ciel, comme d'autres le sont par le jeu. Ainsi, la plupart des produits que nous utilisons sont davantage le fruit du hasard, l'aboutissement d'une recherche systématique, qu'un soi-disant marketing créatif. Cessons de faire croire que le marketing se réduit aux produits nouveaux ; le concept marketing n'a pas le monopole du nouveau produit.

Le laboratoire Pfizer n'a pas cherché à inventer le Viagra. C'est en travaillant sur des produits destinés aux maladies cardio-vasculaires que l'on s'est rendu compte que des singes, utilisés comme cobayes, étaient en pleine érection après avoir consommé les médicaments préparés pour améliorer leur circulation sanguine.

Charles Goodyear découvrit la vulcanisation en laissant tomber du caoutchouc sur la plaque de la cuisinière où il faisait sa soupe.

Le teflon fut découvert par Dupont de Nemours, parce qu'un chercheur oublia de laver ses coupelles et ses tubes à essais.

Et la pénicilline, elle aussi, fut découverte par le plus grand des hasards.

Gillette va mettre huit ans pour concevoir le produit. William E. Nickerson, ingénieur diplômé du MIT (Massachusetts Institute of Technology), va perfectionner l'idée et apporter au marché le rasoir Gillette que nous connaissons aujourd'hui. Que se passe-t-il ensuite ? En 1903, c'est-à-dire la première année, 51 rasoirs sont vendus ainsi que 168 lames ; c'est calamiteux. La seconde année, 90 884 rasoirs et 123 648 lames sont vendus ; c'est encourageant. Les quatre années qui suivent vont être extraordinaires : les ventes de rasoirs augmentent de 400 % par an et les lames de 1 000 % ! On ouvre un magasin à Londres et l'on choisit une effigie à Monsieur Gillette, avec de beaux cheveux noirs ondulés et de fines moustaches comme emblème de la marque. Comme on est astucieux, on place ce portrait de King Gillette au centre d'un billet d'un dollar où se trouve généralement l'effigie de George Washington. En 1918, les ventes de rasoirs atteignent le million d'unités, et 120 millions de lames sont vendues – pendant la Première Guerre mondiale, cerise sur le gâteau, le gouvernement américain décide d'équiper tous ses soldats et ses marins du fameux rasoir.

Le brevet pris par Gillette tombe dans le domaine public le 15 novembre 1921. Des milliers d'industriels japonais sont en attente de lancer un rasoir similaire. Pour les experts de l'époque, cela risque d'être un coup d'arrêt au succès du génial inventeur et de sa marque. Mais rien n'y fait. Six mois avant la date fatidique, Gillette lance une série de nouveaux modèles et surtout son « *One dollar razor* » : c'est le moyen de faire essayer le produit au plus grand nombre pour vendre ensuite des lames. La technique s'avère foudroyante. On vend chez Gillette le rasoir à prix coûtant ! On vient d'inventer une nouvelle façon de faire des affaires. Mieux : avec cette technique, Gillette comprend qu'il faut vendre le produit partout et passe un accord avec le grossiste Wrigley qui lui commande un million de rasoirs pour les distribuer gratuitement, en promotion pour tout achat d'épice, de café ou de boîtes de conserve.

Sans avoir fait Harvard, sans techniques savantes de marketing, les ingénieurs et commerciaux de Gillette avaient déjà trouvé à l'époque toutes les techniques que nous qualifions de « modernes » pour vendre et résister à la concurrence. Dans ses trente et quelques premières années de vie, l'entreprise a fait aussi bien que nous le ferions aujourd'hui avec toutes nos techniques de segmentation, nos outils de géomarketing, notre lobbying et nos dogmes sur l'image de marque... Gillette s'est soucié du point de vue du consommateur, la firme a réalisé des *focus groups* et des *workshops* pour comprendre les attentes de ses clients et de ses non-clients. Alors, finalement, qu'en est-il du marketing d'aujourd'hui par rapport à celui de Gillette ?

LE CAS PROCTER & GAMBLE

Qui ne connaît pas la marque de savon Ivory ? Et qui ne connaît pas Procter & Gamble, cette firme qualifiée d'être un must en matière de marketing et une référence pour tous les étudiants se piquant de vouloir faire leurs premières armes dans une vraie société de marketing ? L'histoire de cette entreprise est pourtant bien loin de tout ce que l'on apprend généralement en cours de marketing.

William Procter, cofondateur de la célèbre firme, fabriquait des bougies avec son cousin James Gamble. Ils n'étaient pas certains que leur usine puisse survivre à l'arrivée triomphante des lampes à pétrole, du gaz de ville – qui permet d'illuminer les cités – et aux essais concernant les lampes à électricité. Mais, au fond d'eux-mêmes, ils se refusaient à croire que le public allait préférer ces innovations à la qualité de leurs bougies. L'horizon sembla à tout le moins quelque peu bouché. Outre des bougies, l'usine fabriquait aussi du savon. Harley Procter, fils du cofondateur, et son cousin James Gamble étaient convaincus qu'il leur fallait offrir au marché un savon blanc de très grande qualité à prix relativement abordable pour prendre la place des savons importés. La firme produisit donc un savon, le plus parfait possible ; comparé aux autres, il était pur à 99 %, les tests le démontraient. Ici, pas de farine ou de poussière de marbre pour donner une couleur blanche au produit, comme le faisaient les concurrents. Mais encore fallait-il trouver un beau nom à ce savon qui se voulait être pur à 99 %. Ce fut pendant l'office du samedi, en écoutant le psaume 45:8 à propos de la reine de Saba qu'Harley le trouva : « *All thy garments smell of myrrh and aloes and cassia out of the ivory palaces whereby they have made thee glad.* »[1]

Le 18 juillet 1879, le savon Ivory fut mis sur le marché. Dans la famille Procter comme chez les Gamble on n'aimait pas la dépense et l'on réinvestit tout dans l'entreprise. La question se posa donc de

---

1. Traduction : La myrrhe, l'aloès et la casse parfument tous les vêtements. Dans les palais d'ivoire, les instruments à cordes te réjouissent.

© Groupe Eyrolles

savoir s'il fallait investir un peu en publicité pour ce savon, qui visait deux objectifs : être à la fois un savon pour le lavage du linge et un savon de toilette. Les choses en seraient restées là si le hasard n'avait pas encore frappé chez Harley. Un jour, assis à son bureau, il ouvrit une lettre qui lui était destinée. C'était un grossiste qui lui demandait de lui livrer encore de ce savon qui flotte dans l'eau. Il ne comprit pas et démarra une enquête pour savoir pourquoi ce savon n'était pas aux normes de qualité exigées par la firme. Le cousin James Gamble découvrit que, pendant l'heure du déjeuner, un ouvrier avait laissé tourner sa machine, ce qui avait modifié les dosages. Tout autre qu'Harley aurait fermé le dossier, mais sa curiosité fut mise en éveil. Il allait en faire la force du produit. Il comprit que les clients appréciaient l'idée de flottaison du savon ; lorsqu'ils se lavaient dans des baquets profonds, ils n'avaient pas à plonger pour chercher leur savon. Et comme c'était la mode du *saturday night bath*, cela ne pouvait que plaire au plus grand nombre.

En 1882, la famille se décida enfin à investir 11 000 dollars en publicité, non plus dans les almanachs, mais bien dans les magazines. Harley inventa les encarts publicitaires en couleurs et lança un concours de slogans pour son savon. Plus de 27 000 clients y répondirent ! Dans le même temps, Harley lança Ivory Baby qui sera un franc succès. À l'âge de trente-cinq ans, Harley se retirera et fondera la fameuse fondation pour Ivory.

Harley ignorait ce qu'était une USP (*unic selling proposition*). Il ne savait pas non plus ce qu'était un territoire de marque, une *brand loyalty*... Mais tout cela se retrouve dans l'idée qu'il avait d'Ivory.

Qu'avons-nous donc inventé que nos prédécesseurs n'ont pas, par bon sens et pragmatisme, tout simplement déjà utilisé ? Rien !

LE CAS EVINRUDE OUTBOARD MOTORS COMPANY

Lorsque nous faisons du ski nautique, une ballade en mer ou en rivière, nous connaissons tous la facilité que nous apporte le moteur hors-bord qui nous propulse. Il y en a des très gros, qui permettent d'obtenir des vitesses enivrantes, et des tout petits que nous pouvons mettre dans le coffre de notre voiture, quand nous utilisons un canot pneumatique. Cette facilité que nous donnent ces moteurs, nous la devons à une très belle histoire d'amour.

Ole Evinrude est un émigré norvégien, fils d'un fermier du Wisconsin. Il va bientôt se marier avec Bess Emily Cary, une Irlandaise. La Clemick & Evinrude Company, qu'il dirige, ne va pas fort. Cette société, qui a pour objectif de fabriquer des petits moteurs à essence, va rapidement déposer son bilan. Ole est considéré cependant comme un bon mécanicien. Il a la passion des moteurs. Il est convaincu que le futur se trouve dans le marché des moteurs, il en veut pour preuve le succès de Ransom Olds et Henry Ford qui se trouvent juste à côté de lui sur les bords du lac Michigan. Plein de courage, il remonte une autre affaire, the Motor Car Power Equipment Company. Bess et lui travaillent dur. Ils installent des moteurs sur tout ce qui peut rouler ! Pour se distraire et se reposer, ils vont parfois faire un tour sur le lac avec leurs amis et pique-niquent sur une petite île à deux kilomètres de la rive. Ole adore ramer. Un jour de grande chaleur, Bess annonce : « Ah ! Qu'est-ce que je ne donnerais pas pour une glace à la vanille ! » Ole prend son bateau, rame comme un fou, va acheter la glace et tente de revenir. Mais un vent de front l'empêche de ramer à la vitesse qu'il souhaite, et c'est sous les quolibets de ses amis qu'il tend à Bess une glace fondue. Il est vexé et peiné de ne pas avoir pu faire plaisir à l'amour de sa vie. Pendant que ses amis finissent la glace fondue, Ole imagine le type de moteur qu'il faudrait installer sur son bateau pour qu'il puisse, à l'avenir, faire l'aller retour le plus rapidement possible. L'idée d'un hors-bord n'est pas nouvelle. En 1893, William Steinway, le fabricant de pianos, et Gottlieb Daimler, le père du moteur à essence, avaient déjà tenté d'adjoindre un moteur à une barque, mais les résultats n'avaient pas été concluants. Cameron Waterman lance en 1906 un hors-bord baptisé Porto qui est malheureusement trop lourd et devient vite impraticable.

Ole est persuadé qu'il va trouver le bon concept. En 1906, il dessine ce que nous connaissons aujourd'hui, à savoir un moteur horizontal relié à un axe vertical au bout duquel se trouve une petite hélice. Les essais sont concluants : ça marche. Malheureusement, faute de capital, la Motor Car Power Equipment Company cesse ses activités et Ole part travailler comme mécanicien. Il aide ses amis Bill Harley et Arthur Davidson à mettre au point un système de refroidissement pour leur nouvelle motocyclette. Un ami d'Ole essaye le moteur qu'il a inventé, puis revient le voir en lui commandant immédiatement dix hors-bord qu'il paye cash. Comme Ole n'a aucune idée du prix qu'il peut en demander, il se dit que comme le moteur pèse trente-deux livres (453,6 grammes), il va le vendre pour trente-deux dollars, soit un dollar la livre. La Evinrude Outboard Motors Compagny est née. En 1914, Evinrude est une société internationalement connue. Mais Bess est au plus mal et Ole doit vendre la société. Il part dans les montagnes pour soigner sa femme, qui petit à petit revient à la vie. Pendant ces cinq ans d'exil, Ole affine ses idées et trouve un nouveau concept pour fabriquer des moteurs bien supérieurs à celui qu'il a inventé. Il dessine et construit le modèle Elto (Evinrude Light Twin Outboard), tout en aluminium avec refroidissement incorporé. Il fonde en 1929, avec son fils Ralph, la Outboard Marine Corporation.

Ole Evinrude et sa femme ne savaient pas grand-chose du marché potentiel de leur invention. Ils n'imaginaient pas l'essor que prendrait le nautisme. Mais ils ont compris, sans études de consommateurs, qu'il y avait un besoin latent et une attente forte : ne plus ramer et avoir un moteur léger, facile à démarrer et à entretenir. Ils ne savaient rien de la soi-disant science du marketing, mais ils ont trouvé rapidement l'idée du prix psychologique (un dollar la livre) et le positionnement de leur produit au travers d'un slogan qui, à l'époque, fit le tour du monde : « *Don't row, use the Evinrude Detachable Row Boat Motor !* »[1] Que ferions-nous de mieux aujourd'hui, avec tout ce que nous croyons savoir ?

---

1. Traduction : Ne ramez plus, utilisez les moteurs Evinrude détachables pour bateaux à moteur !

LE CAS KLEENEX®

En 1914, Kimberly-Clark produit des pansements qui remplacent dans les salles d'opération le coton utilisé pour panser les blessures. Vers la fin de la guerre, l'entreprise met au point un super cellucoton ; c'est un filtre pour masque à gaz. Puis la guerre se termine et il faut songer à faire autre chose du produit. En 1924, sous le nom de Kleenex® Tissus, le super cellucoton est lancé sur le marché comme « *Sanitary Cold Cream Remover* », c'est-à-dire qu'il est utilisé comme serviette démaquillante. Les stars d'Hollywood – Mary Pickford, Janet Gaynor, Helen Hayes – s'empressent d'utiliser le produit et de le définir comme « épatant ».

Les commerciaux de Kimberly Clark sont très attentifs au courrier des clients et se réjouissent des encouragements qu'ils reçoivent. Souvent, les clientes informent qu'elles se servent aussi de leur Kleenex® pour se moucher. En 1930, la firme lance une opération qui vise à publier deux publicités différentes dans des revues similaires ; l'une positionnant Kleenex® comme un moyen de se démaquiller, l'autre comme un mouchoir jetable. Grâce à un coupon-réponse placé dans la publicité, on va pouvoir savoir lequel de ces deux positionnements est le plus porteur. Nous savons aujourd'hui que c'est le mouchoir qui a gagné.

Ainsi, en 1930, les commerciaux, qui ne savent pas que le marketing existe, inventent le positionnement et une technique d'étude maintes fois utilisée aujourd'hui : le « *split run* » – qui consiste à faire deux propositions de positionnement un même jour à partir de deux annonces différentes dans des revues différentes.

Sans concept marketing et sans véritable technique, toutes ces sociétés (Gillette, Procter & Gamble, Evinrude et Kleenex®) ont réussi. Cela veut-il dire que réussir n'est qu'une question de bon sens, de pragmatisme et peut-être de chance ?

■ CE QU'IL FAUT OSER DIRE POUR VIDER COMPLÈTEMENT SA « BOÎTE NOIRE »

Depuis les « approches commerciales » de Gillette, Ivory, Evin-rude, Kleenex® et bien d'autres, le temps est passé. Les médias se sont multipliés, la télévision puis Internet ont fait leur apparition pour permettre aux consommateurs de s'informer et de s'informer encore. Les grandes surfaces ont mis le produit au contact direct du client. Aujourd'hui, Nielsen, Sécodip, la Sofres et l'ensemble des spécialistes des études média, les instituts de sondage et autres panels de consommateurs donnent jour après jour, instant après instant, l'évolution des ventes, les attentes de toutes les cibles possibles, l'impact des publicités... Google, outil magique, permet de trouver tout ce que l'on cherche, qu'il s'agisse de prix, d'idées nouvelles ou simplement d'un fragment d'histoire ancienne. Enfin, des milliers de livres et d'articles ont été publiés sur le marketing, le consommateur, les moyens d'investigation des marchés, la façon de réussir à tous les coups, etc.

Pour autant, depuis que nous avons à notre disposition tous ces nouveaux moyens, un changement s'est-il opéré dans le nombre de réussites ou d'échecs lors des lancements de nouveaux produits ? Savons-nous mieux résister à des concurrents agressifs qui atta-quent nos parts de marché ? Trouvons-nous vraiment à chaque fois les nouveaux produits, les nouveaux films, les nouvelles émissions de télévision qui vont nous permettre de « crever l'écran » ? La réponse est non. Pourquoi le baron Bic a-t-il si bien réussi dans les rasoirs, les stylos, les briquets, et pourquoi a-t-il fait un tel flop avec ses parfums ? Pourquoi Renault, qui compte parmi les meilleurs fabricants de voitures au monde et qui a créé la Twingo et la Clio qui ont eu un grand succès, a-t-il lamentablement échoué avec sa Velsatis et son Avantime ? Pourquoi la Classe A de Mercedes a-t-elle été boudée par le marché ? Pourquoi, encore, à la fin des années 1980, le lancement du quotidien *Le Sport*, qui voulait concur-rencer *L'Équipe*, s'est-il soldé par un échec retentissant ? Toutes ces entreprises avaient des services marketing performants roués à l'étude des consommateurs, disposant de toutes les informations possibles et de tous les tests envisageables. Et pourtant, rien n'y a fait : le public n'a pas voulu de leurs produits.

■ L'INCERTITUDE DEMEURE

D'où vient la faute ? La réponse est simple : aujourd'hui, nous ne savons tout simplement pas encore parfaitement, quoi qu'en disent certains, comment fonctionne le consommateur. Il dit des choses qu'il ne fait pas, et fait des choses que cinq minutes avant il jurait ne jamais faire. Il y a, c'est évident et tout le monde le sait, une énorme différence entre les attitudes et les comportements. La question est de savoir comment trier le bon grain de l'ivraie, ou encore : que reste-t-il pour se faire une opinion sur ce que les spécialistes des études vous indiquent sur votre produit afin d'agir à bon escient ? Nous ne savons pas non plus comment la publicité agit sur l'individu. Ce qui plaît aux créatifs et à ceux qui commandent la publicité n'est pas forcément compris et accepté par le public que l'on veut conquérir.

En ce troisième millénaire, personne ne peut dire avec certitude, dans une campagne de publicité ou sur un packaging, ce qui fait vendre ou acheter. On entend souvent dire que 50 % de la publicité ne sert à rien, mais qu'on ne sait pas quels sont les 50 % qui fonctionnent ! Ainsi, la liste est longue de ce que l'on ne sait pas encore et qu'il nous faudrait absolument connaître pour faire du marketing l'outil premium. Au fond, la seule certitude que l'on puisse avoir aujourd'hui, c'est que, faute d'humilité, face au consommateur et aux mécanismes qui, quelque part, régissent la consommation, il y a de fortes chances que l'on rencontre un jour ou l'autre l'échec. L'expérience montre que les facultés créatives, l'énergie, le courage des opérateurs marketing président au succès de ce que nous conviendrons d'appeler l'« aventure marketing des marques ». Si, à ces qualités d'homme, on pouvait ajouter des approches fiables, des schémas vérifiés des comportements, des marques et des consommateurs, alors oui, le marketing serait l'outil incontournable du succès que toutes les entreprises attendent.

Pour construire une nouvelle théorie sérieuse du marketing dans un monde qui change, il ne s'agit pas de rejeter en bloc tout ce qui a déjà été écrit. Il faut simplement remettre en question certaines affirmations, certains poncifs, certaines croyances venus on ne sait d'où, mais qui sont fortement ancrés dans d'innombrables cerveaux.

Chapitre 2

De la marque rationnelle à la marque émotionnelle

À l'idée même que l'on pourrait remettre en question les théories sur la marque, il est évident que bien des voix vont se faire entendre pour crier que celui qui ose une telle pensée n'est qu'un hérétique, qu'il faut s'empresser de le mettre au bûcher pour le brûler au plus vite. Pourtant, dans une société d'hyperchoix, peut-on encore prétendre parler de marque comme on le faisait et l'enseignait il y a à peine trente ans ? Si l'on veut rester un tantinet objectif sur le sujet, il faut bien reconnaître que la plupart des choses qui ont été écrites à ce propos ne sont souvent que des constructions intelligentes, mais rationnelles, de l'esprit visant à donner des points de repères à tous ceux qui doivent gérer des marques. Ainsi, on présuppose (David Aaker et Erich Joachimsthaler), au travers du déclaratif des consommateurs, qu'ils choisissent une marque en tenant compte de notions telles que le territoire de la marque, l'image de cette dernière, sa *brand loyalty*, sa *brand equity*, sa notoriété, sans préciser de façon rigoureuse et objectivable la valeur intrinsèque de chacune de ces notions ou composantes de la marque, la façon dont elles se combinent et s'apprécient, ou encore les échelles permettant leurs comparaisons.

En d'autres termes, pouvons-nous comparer la notoriété ou l'image de marque de Coca-Cola à celle de BMW ? Avons-nous le droit de dire que ce qui est bon en termes d'image pour les parfums Chanel l'est aussi pour la confiture Bonne Maman ? Pouvons-nous avancer que l'image perçue des distributeurs Carrefour ou Leroy Merlin est comparable, et pouvons-nous l'assimiler à celle de Sony ? Bien évidemment non. On ne peut pas tout mélanger. Et pourtant, c'est monnaie courante dans les réunions au cours desquelles sont définies les stratégies de marques. On affirme que, puisque telle marque est en pleine ascension, on peut sans problème utiliser les mêmes recettes pour relancer une marque en perte de vitesse. Sans aucun état d'âme, on compare, on assimile, on copie des stratégies de marques qui concernent des produits et des marchés qui n'ont rien de commun. Il faut le reconnaître, il y a dans l'expression des propriétés et du contenu de la marque un véritable terrorisme intellectuel qui consiste à penser que : « C'est comme ça et ça ne se discute pas ! » C'est ce terrorisme qui entraîne malheureusement beaucoup d'entreprises à croire que leur marque reste le meilleur rempart contre l'agressivité de leurs concurrents, et à estimer que l'hégémonie et la pérennité de ce talisman leur éviteront *ad vitam aeternam* le gouffre de la perte de parts de marché et leur assureront d'être toujours en position de force pour négocier avec le distributeur.

J'en veux pour preuve la dégringolade de ceux qui n'ont pas cru dans les années 1970 au développement des marques de distributeurs. On les trouve aujourd'hui dans la plupart des produits de grande consommation, que ce soit sous les marques des hypermarchés Carrefour, Auchan, E. Leclerc, ou chez les distributeurs discount de proximité comme Aldi, Lidl ou Leader Price. Pour preuve encore ceux qui ont été rayés du marché, faute de n'avoir pas anticipé l'émergence de ces marques de distributeurs dans les produits de loisirs ou les biens d'équipement de la maison et de la personne, telles qu'on les trouve aujourd'hui tout naturellement dans les grandes enseignes comme Décathlon, Leroy Merlin ou Zara.

■ LA FONCTION PAVLOVIENNE DU PLAISIR DE LA MARQUE

Avant de proposer une nouvelle vision de ce que pourrait être un vrai concept de marque applicable à toutes les situations, reprenons l'expérience faite sur les rats par Albertin.

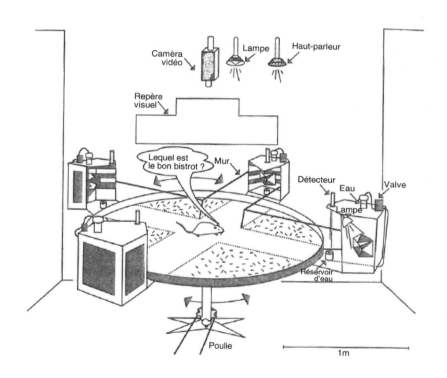

Sur un plateau rond d'un mètre de diamètre, on place quatre « bistrots » où le rat peut boire. Ces bistrots sont disposés à l'extrémité de quatre rues donnant sur une place. Le rat accède au plateau par son centre. Lorsqu'il parvient à un bistrot, sa présence est détectée par une cellule photoélectrique qui déclenche la distribution d'un peu de liquide qu'il aime. Il ne reçoit pas la même dose de liquide dans chaque bistrot : il y a donc les bons et les mauvais bistrots, puisqu'il se régale plus dans l'un que dans les trois autres.

Une fois qu'il a bu, on sort le rat du plateau, on fait tourner ce plateau puis on fait revenir le rat. Bien évidemment, il n'a qu'une idée en tête : retrouver le meilleur bistrot ! Il commence donc par visiter les bistrots jusqu'à ce qu'il trouve le bon. L'expérience est renouvelée plusieurs fois : parfois il a de la chance et c'est le premier bistrot qu'il trouve qui est le bon, parfois il est moins chanceux et doit faire tout le tour pour trouver les « délices de Capoue ». Comme les parcours sont identiques, le rat doit se souvenir de la localisation du meilleur bistrot en utilisant des repères en dehors du labyrinthe formé par les rues. Si maintenant on dessine sur le mur du laboratoire un grand trait de couleur rouge, face auquel on positionne le bon bistrot, le rat va vite comprendre qu'à chaque fois qu'il voit la marque, il a la réponse à ce qu'il cherche, c'est-à-dire le bistrot avec le maximum de liquide qu'il aime. Que s'est-il passé ?

En 1954, deux psychologues américains, James Olds et Peter Milner, ont identifié une zone du cerveau qui procure du plaisir : il s'agit de l'hypothalamus, un petit groupe de neurones situés à la base du cerveau. Au cours de leurs expériences, les deux chercheurs implantent des électrodes envoyant des décharges électriques dans l'hypothalamus des rats, ce qui a pour effet de stimuler leur plaisir. Ils envoient ces décharges (que les rats adorent), chaque fois que ces derniers se situent à un endroit précis dans leur cage. Ils observent alors que les rats retournent là où ils ont reçu la décharge pour retrouver cette sensation de plaisir. L'hypothalamus est, en fait, une plaque tournante du plaisir ! Chez le rat comme chez l'homme, les stimulations de l'hypothalamus produisent de la dopamine, une substance qui permet aux neurones de communiquer lorsqu'on ressent du plaisir (dégustation d'un bon plat, relations sexuelles, contemplation d'une scène émouvante, consommation de drogue...). Les scientifiques montrent, par exemple, que la concentration de dopamine chez les rats augmente lorsqu'ils se retrouvent là où ils ont auparavant copulé. La dopamine a été libérée lors de l'acte sexuel et, comme d'autres zones du cerveau ont mémorisé les circonstances pendant lesquelles cela s'est produit, elle est maintenant libérée à la seule vue du décor de ces ébats.

Retrouvons maintenant notre rat sur le plateau rond, et observons ce qui se passe si on laisse la marque rouge au mur, mais que le bistrot en face de cette marque ne délivre plus la quantité espérée du liquide qu'il aime. Le rat va rapidement se diriger vers le signe rouge, pensant trouver sa récompense. Il va lécher le bistrot et montrer tout de même des signes de satisfaction, exactement comme s'il avait trouvé son liquide. Ce qui se passe ici avec le rat et le liquide qu'il aime est exactement ce qu'il advient du consommateur qui recherche son yaourt, ses pâtes, sa bière ou son camembert. Le signal fourni par le packaging, le nom de la marque (la signature), les couleurs crée chez l'individu une réminiscence du plaisir de consommer qui va sécréter de la dopamine. On connaît la suite...

La marque en tant que repère émotionnel existe donc de façon indiscutable dans le processus de consommation. Qui pourrait dire le contraire ? Mais si la marque existe, c'est d'abord parce qu'elle est partie prenante dans la chimie de nos émotions. La marque n'est pas la conséquence d'un raisonnement chez le consommateur, mais bien la conséquence d'une émotion attendue de plaisir. Notons que la notion de marque, c'est-à-dire de signal au sens où nous venons de le préciser, n'est pas propre à Nestlé, Danone, Ariel ou à toute autre « grande marque », pour reprendre le vocabulaire utilisé par les marketeurs. La marque de café Casino, la marque Quechua ou la marque Produits Repères de E. Leclerc sont, au même titre que ces grandes marques, des signaux qui rappellent au consommateur le plaisir qu'il a eu en dégustant ces produits ou en les payant moins cher, ou encore en montrant à la voisine son sens de l'économie.

Il n'y a donc pas de grandes marques et de petites marques. Il y a des marques qui sont les signaux d'un plaisir. Si l'on accepte ce qui vient d'être dit, on admettra que c'est une erreur de vouloir classer les marques en vertu d'une loi qui ferait que le consommateur apprécierait mieux ce qui vient du fabricant, plutôt que ce qui vient du distributeur ou de toute autre source. Instaurer l'idée qu'il existerait des marques plus authentiques que d'autres, c'est forcément raisonner de façon technocratique (pour ne pas dire stupide), et par le fait produire des raisonnements stratégiques erronés.

■ LES SATISFACTIONS ET PLAISIRS ATTENDUS

S'il n'y a pas de grandes ou de petites marques, il est certain, en revanche, que la marque recèle des satisfactions et apporte des plaisirs, et que ces plaisirs attendus sont de nature très différente ; la sécrétion de dopamine dans notre cerveau au moment du plaisir n'est pas d'origine unique. Lorsqu'on achète son paquet de Marlboro, on n'a pas, à l'évidence, la même nature de plaisir attendu que lorsqu'on prend sa Danette, son Ajax, sa confiture Bonne Maman dans le linéaire du supermarché, ou encore lorsqu'on choisit une robe signée d'un grand couturier, etc. À chaque marque correspond donc pour le consommateur un type de promesse ou de souvenir, de plaisir particulier. La variable « plaisir attendu » apparaît bien comme l'un des constituants principaux de la marque.

À ce point de l'exposé, on pourrait dire que la marque se définit tout d'abord comme le catalyseur d'un certain plaisir qui serait repérable ou identifiable par des signes visibles (couleur, signature, packaging, lieu d'achat...). Ces signes ne constitueraient bien sûr pas le « plaisir » lui-même. Mais, au point de vente, ils auraient pour mission de faire se remémorer au consommateur un plaisir (donc à faire sécréter de la dopamine), eu égard à une expérience passée et au souvenir laissé dans notre cerveau. Prenons l'exemple d'un consommateur qui apprécie grandement son camembert. Il repère les signaux fournis par l'étiquette et lorsqu'il arrive au point de vente, le fait de voir cette étiquette lui remémore le plaisir du goût de ce camembert, et pas d'un autre. Son choix est fait, la dopamine est là.

Il n'est pas rare que l'on rapproche cette vision très émotionnelle de la marque des théories du psychologue Abraham H. Maslow (*Theory of Human Motivation*) qui définissent l'empilement des besoins – physiologiques, de sécurité, d'amour, d'appartenance, d'estime des autres, d'estime de soi, d'accomplissement personnel. De fait, rien n'interdit de penser que l'on éprouve un certain plaisir à porter une casquette Nike soit pour le plaisir de l'estime des autres, soit pour le plaisir de son accomplissement personnel. Pour autant, il est patent que tous les plaisirs attendus ne sont pas d'ordre psychologique. Le fait de goûter, sentir, toucher, procure des plaisirs qui restent bien essentiellement de nature animale. En d'autres termes, lorsqu'on aborde l'étude d'une marque, il conviendrait aujourd'hui de consacrer dans son approche une place la plus large possible à la qualification de l'émotion reçue.

À ce niveau de la présentation, la question se pose bien évidemment de savoir s'il n'existerait pas une sorte de « carte du Tendre » ou un *mapping* des plaisirs liés à la famille du produit que l'on souhaite acheter. Le plaisir de manger une salade, des petits pois, des huîtres est-il le même ? Y a-t-il un plaisir tout particulier à être ensemble, à goûter une atmosphère de charme ? Économiser, être le premier, le plus discret ou au contraire le plus visible procurerait-il le même plaisir ? Y a-t-il un plaisir par nature de produits, comme celui généré par les bonbons, la viande, le poisson ? Tout cela est défini dans différents ouvrages, mais pour comprendre comment s'inscrit dans le cerveau le plaisir de la marque, il convient d'analyser différents modèles proposés, comme, par exemple, celui de Nico H. Frijda.

Citons Jacques Cosnier, professeur émérite de l'université Lumière-Lyon 2, selon qui le modèle proposé par Frijda (1986) paraît à cet égard très représentatif : « *L'événement inducteur est d'abord reçu et codé par un "analyseur". Un "comparateur" apprécie la pertinence quant aux intérêts et émet un des quatre signaux de pertinence suivants : plaisir, douleur, étonnement, désir, ou éventuellement un signal de non-pertinence ; un "diagnoseur" évalue son contexte ; un "évaluateur" juge de*

•••

• • •

> *l'urgence et du sérieux de la situation ainsi créée et de la nécessité ou non de modifier les actions en cours ; un "proposeur d'action", sur la base des traitements précédents, introduit un changement dans la préparation à l'action. D'où s'en suivent des modifications physiologiques et le passage à l'action qui constitue la réponse ouverte, laquelle modifie rétroactivement la situation par rapport au stimulus déclencheur. Ce modèle est un modèle séquentiel qui, à chaque stade, peut subir l'influence du processus de régulation. D'autre part, Frijda prend soin de remarquer que ce système est dynamique, continuellement en activité tant que le sujet est éveillé et qu'il suppose une gestion intégrative de l'ensemble, en particulier pour situer l'émotion par rapport aux autres sollicitations et motivations. Pour compléter ce rapide panorama, on pourrait aussi citer le modèle proposé par K. Scherer (1984, 1992) dit modèle des "processus composants". Selon ce modèle, le vécu émotionnel serait un état de conscience de "formes d'état" d'une série de sous-systèmes : d'assistance, d'action, d'information, régulateur et moniteur. Une fonction évaluative traiterait toutes ces "facettes" et la résultante déterminerait la nature et l'intensité de l'émotion ; les différentes composantes des émotions seraient ainsi des états types momentanés de sous-systèmes fonctionnels de l'organisme. »*

■ LA VARIABLE ANXIOGÈNE DE LA MARQUE

Réalisons maintenant une autre expérience. Plaçons côte à côte dans un linéaire la marque Nutella et la marque Nustikao (Produit Repère du distributeur E. Leclerc). Le consommateur est habitué à la marque Nutella, il n'a pas goûté à la marque Nustikao. Il peut choisir l'une ou l'autre de ces deux marques sans contrainte aucune. Chaque marque est présentée dans les mêmes conditions de merchandising. Affichons tout d'abord les deux marques au même prix ; c'est la marque Nutella qui est la plus choisie par les consommateurs. Baissons maintenant de 10 % le prix de la marque E. Leclerc ; Nutella reste le produit le plus choisi, bien qu'étant le plus onéreux. Continuons l'expérience en baissant, cette fois-ci, le prix de Nustikao de 30 % ; à l'encontre de ce que l'on peut imaginer, c'est toujours Nutella qui est choisi par le consommateur. Certes, Nustikao enregistre quelques ventes supplémentaires, mais cela n'est pas significatif. En d'autres termes, Nutella résiste au prix d'une marque concurrente.

Recommençons l'expérience, mais cette fois changeons de produit. Le consommateur utilise généralement l'huile de tournesol Lesieur. Présentons-lui, dans les mêmes conditions, de l'huile de tournesol Lesieur et de l'huile de tournesol à la marque de distributeur. Si on laisse les deux marques au même prix, on observe que Lesieur Tournesol l'emporte. En revanche, si l'on baisse le prix de la marque de distributeur, on se rend vite compte qu'elle prend le dessus. Et, au fur et à mesure que l'on baisse les prix, la marque de distributeur accapare la majorité des ventes. Pour autant, arrivera un seuil au-delà duquel on aura beau baisser les prix de la marque de distributeur, celle-ci n'enregistrera plus aucune augmentation des ventes. En d'autres termes, tout laisse à penser qu'un noyau de clients très fidèles à Lesieur ne sera jamais d'accord pour changer de marque, en dépit du prix. Nouvel exemple : confrontons maintenant une marque connue de mouchoirs en papier à une marque de distributeur. On constate que si l'on fait varier les prix, la marque de distributeur l'emporte à tous les coups. On retrouve ici ce qui s'est passé pour l'huile de tournesol, à la différence qu'il n'y a plus de clients toujours fidèles à la marque et ce, quoi qu'il arrive en termes de promotion et de prix.

En réitérant cette expérience avec une grande quantité de produits que le consommateur peut choisir, sans l'intervention d'un vendeur dans le linéaire, dans une tête de gondole ou dans un bac à surgelés, on remarque :

- que les ventes de certaines marques ne sont jamais altérées par les prix bas des marques de distributeurs, de leurs concurrents challengers ou encore de marques en promotion. Tout se passe comme si, imperturbablement, ces marques résistaient à toute attaque de prix de leurs concurrents (par exemple Nutella) ;
- que les ventes d'autres marques ont quelques difficultés à résister aux attaques de prix de la marque de distributeur ou des marques challengers. Pour autant, elles gardent entre 20 et 30 % de clients fidèles, quelles que soient les offres concurrentes (par exemple l'huile de tournesol Lesieur) ;
- que les ventes de certaines autres marques ne résistent jamais aux attaques de prix des concurrents et ne semblent pas avoir de clients fidèles (par exemple les mouchoirs en papier).

Il coule de source que, pour tenter d'expliquer ces différents cas de figure, on ait instinctivement recours aux idées classiques faisant entrer en jeu la notoriété des marques, leur image ou des notions comme les critères socioprofessionnels, les typologies d'attitudes, etc. Or, on s'aperçoit vite que ces éléments ne sont pas explicatifs du phénomène qui vise à faire qu'une marque résiste ou non aux prix de ses concurrents. Les marques qui résistent aux prix des concurrents n'ont pas toutes des notoriétés époustouflantes. Les marques qui résistent moyennement aux prix ont parfois une très bonne notoriété, et celles qui ne résistent pas du tout sont, elles aussi, parfois parfaitement connues. Et ce qui est vrai pour la notoriété l'est aussi pour l'image. D'autre part, on ne constate pas de comportements particuliers propres à certaines catégories de consommateurs, ou encore à des typologies ou topologies spécifiques de consommateurs. En d'autres termes, ce ne sont pas les clients riches qui achètent exclusivement des marques chères, pas plus que des clients moins fortunés achètent en majorité des premiers prix ou des marques de distributeurs. Pour comprendre pourquoi les consommateurs ont des comportements d'achat et de choix si divers face aux marques, il convient de faire appel à des points de vue différents de ce que nous avons l'habitude de prendre en compte dans nos approches marketing.

LA NÉCESSITÉ DE CHOISIR

Pour expliquer ce phénomène, il faut se rapprocher des théories de la physiologie de la préférence et, notamment, des travaux d'Alain Berthoz, professeur au Collège de France et responsable du laboratoire de physiologie de la perception et de l'action. Devant un choix, le consommateur se trouve confronté à une problématique difficile où se conjuguent l'espoir et le désespoir, la récompense ou la peur. Alain Berthoz rappelle l'histoire de l'âne de Buridan qui, ne pouvant se décider entre de l'eau et une botte de foin, mourut, victime de cette difficulté de choisir. Cela nous arrive parfois lorsque nous sommes devant un somptueux buffet ; émerveillés par tant de plats, nous ne savons par quoi commencer. Tentés par la gourmandise, que tempère le désir de ne pas prendre de poids ou de ne pas paraître goulus aux yeux des autres invités, nous devons décider de ce qui va nous satisfaire pour un soir. La délibération est difficile, il faut arbitrer entre la possibilité de revenir plus tard, la crainte que les plats aient été enlevés ou consommés, et tenir compte de notre préférence. La préférence et l'émotion jouent un rôle essentiel dans les processus de décision.

Est-il possible d'élaborer une physiologie de la préférence ? Dans quelles structures du cerveau se tiennent ces délibérations neuronales ? Où se fait la sélection de l'action en fonction des récompenses attendues ? Supposons, poursuit Berthoz, qu'un commerçant de votre quartier prépare d'excellents gâteaux et que vous ayez l'habitude d'y acheter votre pâtisserie favorite. Vous avez créé une association entre la récompense que vous attendez et le fait d'entrer chez ce pâtissier, ce qui implique plusieurs structures du cerveau : l'amygdale, le noyau accumbens, l'hippocampe. Mais, supposons maintenant que ce pâtissier ait pris des positions politiques racistes ou encore qu'il ait insulté l'un de vos enfants lorsque votre chien, attiré par l'odeur des gâteaux, est entré dans le magasin. Vous décidez alors de ne plus y remettre les pieds. Pour cela, il vous faudra modifier l'association ainsi créée entre le pâtissier et le goût des gâteaux, association pourtant si bien consolidée par plusieurs achats successifs. Cette flexibilité des choix et leur mise en contexte ont trait au cortex orbitofrontal, qui permet d'élaborer des préférences relatives.

Pour prendre une décision, il faut en effet associer des événements, des sensations et des souvenirs. Ce travail d'association est effectué en partie dans l'amygdale. Mais il faut aussi délibérer, changer de point de vue, modifier mentalement les relations entre les éléments associés, simuler différentes réalités possibles. Il faut donc être capable d'une certaine flexibilité.

■ POURQUOI, DANS CERTAINS CAS, CHOISIT-ON LA MARQUE LA PLUS CHÈRE ?

Lorsque la consommatrice doit choisir entre Nutella, d'une part et Nustikao, d'autre part, une succession d'images et d'émotions vont d'un seul coup, en moins de quelques millisecondes, surgir de son cerveau. Remarquons tout d'abord qu'il est fort probable que l'achat qu'elle doit faire de cette délicieuse crème aux noisettes et au chocolat ne soit pas directement exécuté pour elle, mais pour ses enfants. Elle a en mémoire leur mine radieuse quand ils dévorent leur tartine recouverte d'une épaisse couche de Nutella et replongent avec joie leur couteau dans le pot pour en remettre une couche. Rien ne réjouit plus une maman que de voir ses enfants se nourrir sans avoir à les forcer, surtout au petit-déjeuner. Quoi de plus désespérant qu'un enfant qui part à l'école sans avoir avalé la moindre miette ? Cela déclenche en elle une première série d'images et d'émotions liées au plaisir donné par le produit (elle ne mange jamais elle-même de Nutella). Elle a peut-être aussi en mémoire le goût de cette crème qu'elle dégustait avec un réel plaisir lorsqu'elle était enfant... Mais face à ces images de plaisir il y a, pour certaines consommatrices, la contrainte du prix. En effet, pour certains foyers, cette excellente sucrerie reste un luxe. La tentation est donc grande d'acheter une pâte à tartiner moins chère, qui semble pouvoir offrir le même plaisir gustatif. Au moment du choix entre Nutella et Nustikao, le cerveau de la consommatrice va donc devoir décider entre l'avantage prix de Nustikao (récompense et plaisir de la bonne affaire) et le risque que les enfants n'apprécient pas cette marque comme ils apprécient Nutella (elle en a peut-être déjà fait l'expérience). Pire, la consommatrice va peut-être avoir la vision de ses enfants boudant leur tartine, partant à l'école sans rien dans l'estomac et la regardant d'un œil accusateur pour ne pas avoir acheté leur marque ou pour ne pas en avoir les moyens.

Nutella va ainsi, dans la plupart des cas, résister aux autres marques moins chères par le simple fait que la majorité des consommateurs ne prendront pas le risque d'affronter une désapprobation de la tribu des enfants pour le plaisir ou la récompense d'un prix moins cher. La notion de risque n'est pas ici une notion rationnelle, mais bien une notion émotionnelle. On peut dire que Nutella tient sa place de marque « absolue » face aux prix de ses concurrents parce qu'elle génère une anxiété, une peur chez celui qui voudrait s'en passer et faire un autre choix. Il a été prouvé que c'est ici la cortico-dépendance gustative des enfants au goût du Nutella (fabrication de dopamine *versus* plaisir) qui assure à la marque la fidélité de ses petits clients et de leurs mamans. C'est cette propriété qui est à la base de l'angoisse des mamans qui se voient dans l'obligation de rapporter au foyer ce que les enfants attendent.

Ce qui est vrai pour Nutella l'est aussi pour d'autres marques alimentaires et non alimentaires. Le consommateur, par exemple, choisira toujours en priorité la marque Pedigree Pal pour l'alimentation de son chien, la poudre à laver Ariel ou Skip pour laver son linge et la marque Colgate ou Signal pour se brosser les dents. Chaque fois, le choix entre la marque et le prix sera fait en fonction de la relation plaisir/peur ou récompense/punition.

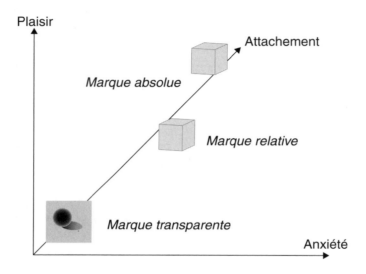

Dans le cas de Pedigree Pal, le consommateur redoute de voir son chien bouder la marque de distributeur qui aura été choisie pour son prix. Si le chien n'aime pas changer de nourriture, c'est parce que, ne sachant pas se nourrir, il se fie d'abord à ses habitudes, c'est-à-dire aux odeurs que dégage la nourriture qu'on lui propose chaque jour. Si on change de nourriture, on change d'odeur ! Il perd alors ses repères et préfère s'abstenir. Bien évidemment, les maîtres ne savent pas tous cela. Ils observent simplement que leur chien ne mange plus, ce qui les met dans une situation de culpabilisation extrême. Il suffirait de mettre le chien à la diète, puis de lui proposer la marque de distributeur pour constater son intérêt pour cette dernière et son refus de manger maintenant du Pedigree Pal ! Pour la poudre à laver Ariel, la fidélité à la marque est commandée par l'anxiété que ressent la consommatrice lorsqu'il lui faut s'assurer que ce qu'elle utilise pour laver son linge ou sa « couleur » ne risque pas d'endommager la petite robe qu'elle affectionne tant. Face aux taches qu'il faut enlever, au blanc éclatant qu'elle espère pour les chemises de son mari ou pour garder la couleur du survêtement de son fils, il lui faut à la fois un produit fort qui enlève les salissures et un produit suffisamment doux qui ne détériore pas les tissus. Prendre une marque inconnue, même moins chère, serait finalement accepter de mauvaises surprises et des résultats de lavage risqués. Dans le doute, le consommateur préfère choisir la marque la plus rassurante. Cela explique aussi le fameux échec de la « lessive aux gloutons ». Cette lessive se proposait de dévorer la saleté. Dans les messages radio, on entendait les gloutons dévorer les taches, ce qui fit peur aux consommatrices qui boudèrent le produit malgré un budget publicitaire colossal.

> On s'est souvent gaussé des publicités faites par les fabricants de poudres à laver le linge en les qualifiant de « débiles ». De fait, ce sont probablement les meilleures publicités qui aient été réalisées depuis bien des années pour une famille de produit qui veut résister aux prix. Toutes ces publicités ont comme objectif, d'une part de créer par leur propos des anxiétés chez la consommatrice et, d'autre part, de souligner le bénéfice attendu, c'est-à-dire l'efficacité du produit. Si l'on veut avoir un cours de marketing sur la qualité des poudres à laver le linge, le mieux est encore de regarder le fameux sketch de Coluche sur ce sujet ; c'est un monument.

En ce qui concerne les pâtes dentifrices, le phénomène est le même. Le consommateur ressent le plaisir du goût choisi en même temps qu'il est rassuré sur l'haleine fraîche, la lutte contre le tartre qui attaque la plaque dentaire ou encore les gencives qui saignent, etc. Là aussi, certains fabricants ont compris qu'il fallait absolument jouer sur la variable anxiogène afin de maintenir l'éveil du consommateur pour la marque.

Toutes ces marques sont qualifiées de « marques absolues » afin de souligner l'importance que revêt la variable anxiogène dans la défense de la marque face à ses concurrents. On comprend bien que pour gérer au mieux ces marques, il faille d'abord définir en quoi consistent la nature et l'intensité des peurs et des anxiétés qu'elles peuvent véhiculer en regard du plaisir attendu qu'elles apportent. Ces peurs et anxiétés doivent ensuite être constamment rappelées au consommateur par toutes les formes de communication possibles pour entretenir la double émotion, à savoir celle du plaisir offert par la marque et celle de l'angoisse de perdre ce plaisir. Ces marques sont donc la manne des agences de publicité, sans la créativité desquelles on ne pourrait pas perpétuer d'un côté la force du plaisir attendu et, de l'autre, la peur de changer de marque.

L'étude et la communication des anxiétés ne sont pas simples. En effet, elles peuvent être d'ordre et de nature très différents, selon, déjà, que l'on achète la marque pour un tiers ou pour soi. On peut avoir peur de ne pas répondre aux attentes de la personne pour qui on achète ou de passer à ses yeux pour un inculte, ou encore pour une personne qui se soucie peu des habitudes de l'autre. Si, au contraire, on choisit le produit pour soi, on peut avoir peur de ne pas retrouver le plaisir d'un goût, d'une odeur, d'une saveur ou tout simplement de ne pas paraître une personne « dans le coup » comme c'est le cas, par exemple, pour beaucoup de marques de vêtements. Enfin, ces anxiétés peuvent être naturelles ou artificiellement créées. Dans le cas de Nutella, la peur de ne pas retrouver le goût est une anxiété naturelle. Il en est de même pour les marques de cigarettes ou de teintures pour cheveux (on ne met pas n'importe quoi sur ses cheveux). En revanche, c'est de façon artificielle que l'on crée des anxiétés forçant, par le bouche-à-oreille ou par la communication, à porter certains vêtements, certains bijoux. L'effet mode est l'un des grands moyens pour certaines marques de se définir comme des marques absolues, du moins pour un temps, en jouant sur la relation plaisir/anxiété.

C'est en partie à cause de cette variable anxiogène de la marque que le parfum proposé par Bic n'a pas trouvé son marché. Bien que le produit ait été d'excellente facture avec un « jus » de grande qualité, les femmes n'ont pas pu se résoudre à le porter. Porter un parfum, pour une femme, c'est cacher ses odeurs (tous les parfums n'ont pas le même effet sur la peau et la transpiration), marquer son territoire (les femmes s'assurent que tout ce qui les concerne est bien marqué par l'odeur de leur parfum, y compris leur mari ou compagnon), se donner une personnalité, une image et être à la mode. Ainsi, le parfum revêt un rôle capital pour la personnalité, le rayonnement, l'image de la femme auprès de son entourage, l'estime de soi ou de l'être aimé. Porter un parfum vendu dans les bureaux de tabac, comme c'était le cas de Bic, c'était s'exposer au risque d'une image à laquelle personne n'aurait voulu s'identifier. Imaginons l'anxiété vécue par une femme à qui on aurait demandé : « *Ton parfum sent très bon, où l'as-tu acheté ?* », lorsqu'elle aurait répondu : « *Au bureau de tabac.* »

On retrouve ce phénomène avec les parfums Coty. Joseph Marie François Spoturno, dit François Coty, est un industriel et homme politique corse né en 1874 à Ajaccio. Orphelin très jeune, il quitte l'école tôt. L'histoire veut qu'il ait eu l'habitude de jouer au piquet avec Raymond Goery, pharmacien parisien, lequel dut, un jour, remettre leur partie car il devait travailler dans son laboratoire à des préparations officinales. Coty l'y accompagna et se montra fasciné par le matériel de chimiste. Le pharmacien lui donna alors la recette de l'Eau de Cologne, à laquelle Coty s'essaya. Le résultat fut jugé satisfaisant et le pharmacien lui conseilla d'apprendre la parfumerie. Coty alla passer un an à Grasse pour se former aux techniques de la cosmétique. Revenu à Paris, il débuta en vendant des essences, qu'il faisait venir de Grasse, aux barbiers de la capitale.

Coty n'est pas seulement un « nez » talentueux. Il est le premier à comprendre que le parfum, jusque-là réservé à une élite restreinte, peut et va devenir un produit de masse. Il fut appelé « le père de la parfumerie moderne ». Il a ainsi l'idée d'associer les essences natu-

relles et les produits de synthèse que les progrès de la chimie orga-
nique permettent désormais d'obtenir à bon marché, favorisant par
là l'entrée de la parfumerie dans l'ère industrielle. Dès 1904, il crée
sa propre usine sur les bords de la Seine à Suresnes. Elle sera suivie
de nombreuses autres : dans l'île de Puteaux pour les conditionne-
ments métalliques, à Neuilly pour les boîtes de cuir et de carton, à
Pantin et aux Lilas pour les flacons. Il comprend l'importance de la
publicité, du marketing, du packaging. Il fait appel au célèbre verrier
René Lalique – qui crée pour lui le flacon de « L'Effleurt », puis celui
d'« Ambre antique » –, mais aussi à Baccarat, et résume ainsi sa
philosophie commerciale : « *Donnez à une femme le meilleur produit
que vous puissiez préparer, présentez-le dans un flacon parfait,
d'une belle simplicité, mais d'un goût impeccable, faites-le payer un
prix raisonnable et ce sera la naissance d'un grand commerce tel que
le monde n'en a jamais vu.* » Il remporte de grands succès commerciaux avec « La Rose Jacqueminot » (1904), base de sa fortune,
« L'Origan » (1905), « Ambre antique » (1908), « Le Muguet » (1910),
« Lilas blanc » (1910), « Iris » (1913, premier parfum soliflore) et
surtout « Chypre », lancé en 1917, le premier parfum grand public
dont le succès durera des décennies. La poudre « L'Origan », dans sa
célèbre boîte orange et blanc, se vend à 16 millions d'exemplaires
par an en France.

Alors que les parfumeurs ne commercialisaient leurs créations
que dans leurs propres boutiques, Coty (qui dispose d'un magasin
ouvert en 1905, rue La Boétie à Paris) décide de vendre ses parfums
dans les grands magasins. Les magasins du Louvre acceptèrent, et
plus de 500 flacons s'arrachèrent en quelques jours. Les autres
grands magasins suivirent. Au bout de quatre mois, Coty avait gagné
son premier million. À la veille de la guerre, en 1914, les parfums Coty
étaient N°1 dans le monde, avec des succursales à Moscou, New
York, Londres et Buenos Aires. En 1918, pour relancer les ventes,
Coty eut l'idée de génie de conditionner ses parfums en petites
bouteilles, ce qui en fit le cadeau idéal que les soldats américains
revenus du front ramenèrent à leur femme ou à leur petite amie. Le

succès fut colossal. En 1920, la fortune de Coty se comptait en centaines de millions de francs. Il fut même considéré alors comme l'un des hommes les plus riches du monde.

À sa mort, en 1934, la plupart de ses biens furent placés sous séquestre à la demande de ses nombreux créanciers ; il était ruiné. Ses héritiers multiplièrent la distribution des parfums pour gagner plus et placèrent la marque en droguerie. La marque s'éteignit pour la même raison qui a fait que l'excellent parfum Bic ne s'est pas vendu ; les femmes n'osaient pas dire où elles avaient acheté le produit. La marque Chanel, dans les années 1980 aux États-Unis, a dû, elle aussi, recentrer sa distribution pour éviter que ses parfums ne rencontrent les mêmes problèmes que ceux de Coty.

Lorsque l'amygdale détecte un danger, elle envoie des messages vers l'hypothalamus qui active les glandes pituitaires, lesquelles sécrètent l'hormone adrénocorticotrophique (ACTH). Celle-ci induit dans le cortex une sécrétion d'hormones stéroïdes qui, à leur tour, modulent l'activité des neurones de l'hippocampe et du cortex préfrontal. C'est l'un des mécanismes de l'induction du stress. Il relie prise de décision et stress.

■ POURQUOI, DANS CERTAINS CAS, CHOISIT-ON LA MARQUE LA MOINS CHÈRE ?

Reprenons maintenant l'expérience du choix proposé à la consommatrice entre l'huile de tournesol de marque Lesieur et une huile de tournesol en promotion ou à la marque de distributeur. Il s'agit de comprendre pourquoi le choix va se faire pour la marque de distributeur ou la marque en promotion au détriment de Lesieur et ce, dans la majorité des cas, puis de comprendre pourquoi, malgré des offres de prix intéressantes, certains consommateurs (environ 30 %) restent toujours fidèles à la marque Lesieur.

Tentons d'expliquer ce phénomène en recherchant tout d'abord le rôle de la variable plaisir de la marque. Y a-t-il ici un plaisir gustatif donné par l'huile de tournesol ? La réponse est objectivement non, pour la majorité des consommateurs. Le consommateur trouve, certes, une certaine joie à préparer puis manger sa salade, mais ce plaisir n'est pas directement attribué à l'huile de tournesol (les choses seraient différentes avec l'huile d'olive). Il utilise l'huile de tournesol parce que c'est une huile qu'on lui dit être bonne pour sa santé, pour son cholestérol, etc. Trouve-t-il une récompense auprès de sa famille ou de ses amis pour avoir utilisé la marque Lesieur ? La réponse est, bien sûr, non. Ainsi, la variable plaisir gustatif ne revêt pas ici une grande importance.

Recherchons l'effet que pourrait avoir la variable anxiogène de Lesieur sur le choix. Le consommateur éprouve-t-il une certaine anxiété, une certaine peur à ne pas choisir cette marque ? Pressent-il une désapprobation possible de son entourage familial à ne pas l'avoir choisie ? Présume-t-il une quelconque punition à l'horizon ? La réponse est certainement non pour la plupart des consommateurs ; quand bien même il y aurait des individus qui, pour une raison inconnue, se sentiraient anxieux vis-à-vis de l'huile de tournesol, il ne s'agirait là que d'une micro-population. C'est du moins ce que laissent entrevoir les recherches faites à ce sujet. Force est de constater qu'il n'y a pas de frein à choisir le plaisir de la récompense du prix. L'émotion de cette récompense du prix explique aussi pourquoi, plus on fait baisser le prix de la marque de distributeur, et plus les ventes de cette dernière augmentent. Comme on n'éprouve aucune anxiété à ne pas choisir Lesieur Tournesol, le plaisir d'économiser oriente le choix vers la marque de distributeur ! Pour autant, les choses ne sont pas aussi systématiques que l'expérience veut bien le laisser croire. On remarque, en effet, que certains consommateurs (15 à 30 %) restent fidèles à la marque Lesieur et ce, quel que soit l'avantage du prix proposé par la marque de distributeur. On peut imaginer que l'image de la marque et sa notoriété expliquent ce comportement de la part de ces consommateurs fidèles. On peut aussi estimer qu'ils appartiennent à une typologie d'attitude particulière, différente de ceux qui choisissent le prix. En réalité, pour certains consommateurs, il n'y a pas de plaisir gustatif à utiliser l'huile Lesieur Tournesol, mais il y a en revanche une anxiété à acheter une huile dont on ne connaît pas la provenance. Cette anxiété n'est pas compensée par le plaisir du prix, du moins pour cette clientèle-là.

Ce qui est vrai pour l'huile de tournesol Lesieur ne l'est pas pour l'huile d'arachide de la même marque. Alors que les marques de distributeurs taillent des croupières à cette marque lorsqu'elle se présente sous l'étiquette « huile de tournesol », elles ne peuvent lui prendre aucune vente lorsqu'il s'agit d'une étiquette « huile d'arachide ». La même marque a donc des effets complètement différents sur le consommateur. Pourquoi cette différence ? Dans le cas de l'huile de tournesol, le consommateur n'a aucune angoisse et fait souvent le choix du prix. En revanche, dans le cas de l'huile d'arachide, il ne veut prendre aucun risque ; il se refuse à acheter n'importe laquelle. L'huile d'arachide sert essentiellement pour la friture. Pour frire, il faut faire monter l'huile en température. Si l'huile à haute température n'est pas parfaitement pure, elle pourra produire, du moins c'est ce que perçoit le consommateur, des particules cancérigènes. Face à cette réalité, à l'anxiété perçue, le consommateur préfère s'en tenir à l'huile qui lui garantit la pureté et le plaisir de la tranquillité. Ainsi est remise en question, comme nous le verrons ultérieurement, la fameuse théorie de la « marque ombrelle », qui veut que sous une même marque on puisse placer différents produits.

■ POURQUOI CERTAINES MARQUES RÉSISTENT-ELLES AUX PRIX ?

Si l'on en croit les travaux des physiologistes, des neurobiologistes comme Antonio R. Damasio, Sébastien Bohler, Alain Berthoz, il est aussi possible d'expliquer le phénomène de fidélité à Lesieur de ces 15 à 30 % de consommateurs par la notion « d'attachement ». Le plaisir produit de la dopamine et, aussitôt après, apparaît une émotion forte, un sentiment de détente, de bien-être et de complicité. C'est l'ocytocine qui est responsable de cet état. Cette hormone, connue pour son rôle lors de l'accouchement – elle provoque les contractions de l'utérus favorisant l'expulsion du nouveau-né –, joue aussi un rôle dans la formation des liens affectifs entre la mère et l'enfant, car elle permet au petit et à la mère de mémoriser l'odeur de l'autre et de l'associer au plaisir d'être ensemble. Ainsi le souvenir, la mémorisation de « l'après-plaisir » sont des stimuli qui marquent le cerveau. Le poète ne dit-il pas : « *Objets inanimés, avez-vous donc une âme qui s'attache à la nôtre et nous force d'aimer ?* »

Il n'est pas rare, en effet, que nous nous prenions d'affection pour une marque soit parce qu'elle nous rappelle de bons moments de notre enfance, soit parce qu'elle s'intègre à un événement plaisant, soit encore parce que nous en avons une certaine habitude et qu'elle vient se ranger dans notre panoplie des objets qui forment notre « boîte à outils familiale ». Les marques comme Lesieur, qui pour une large majorité ne résistent pas aux prix de leurs concurrents, fidélisent quand même une partie de leurs clients. Ces marques dites « relatives » ne sont pas aussi puissantes que les marques absolues comme Nutella ou Pedigree Pal précédemment décrites, mais, pour une part de leurs clients, elles peuvent prétendre se défendre contre les attaques de prix. Ces marques relatives ne sont pas les mêmes dans tous les pays ; cela dépend de l'histoire de la marque dans le pays et des formes publicitaires utilisées. Bien évidemment, il faut rester prudent lorsqu'on a la responsabilité de la gestion de telles marques ; il faut à la fois savoir se battre contre les prix par un fort investissement au point de vente, sans pour autant négliger une action visant à faire en sorte que les fidèles restent attachés à la marque. L'attachement à la marque apparaît donc comme une troisième variable définissant la marque.

Dit d'une autre manière, le cas de l'huile de tournesol Lesieur peut s'exprimer de la façon suivante :

- pour une grande majorité de consommateurs, il n'y a pas à proprement parler de plaisir à utiliser cette marque, pas plus qu'il n'y a d'anxiété à l'abandonner. En revanche, il y a une récompense, un plaisir émotionnel à payer moins cher ;
- une minorité de consommateurs sont anxieux à l'idée d'acheter une huile dont ils ne connaissent pas la provenance : cette anxiété est liée au risque d'une moins bonne qualité ;
- pour une minorité de consommateurs, il y a un attachement à la marque. Cette minorité sait que la marque de distributeur est aussi bonne et moins chère, mais, finalement, elle éprouve un tel plaisir à conserver une relation émotionnelle avec sa marque qu'elle n'hésite pas et paye un peu plus cher l'« émotion du souvenir ».

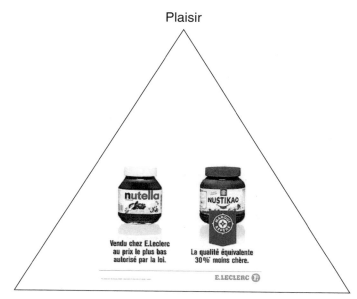

■ POURQUOI CERTAINES MARQUES NE RÉSISTENT-ELLES PLUS AUX ATTAQUES DE PRIX ?

Nous l'avons vu, de grandes marques, comme Kleenex® ou Lotus pour les mouchoirs en papier, ne résistent plus aujourd'hui aux attaques de prix. Elles n'ont même plus de clients qui ressentent un sentiment d'attachement, comme c'était le cas pour les marques relatives. Ces marques sont dites tout simplement « transparentes ». Elles ont certes une notoriété, une image, mais le consommateur ne perçoit plus aucune émotion à leur endroit. Si elles sont bien placées en linéaire, si elles sont en promotion, elles sont choisies. Dans le cas contraire, elles sont délaissées. La question qui se pose est de savoir s'il en a toujours été de la sorte pour ces marques. Et l'expérience nous montre que non. Lors de son lancement, Kleenex® était une marque absolue. Dans les années 1970, avoir une boîte de ces mouchoirs en papier sur la custode de sa voiture était un signe de modernité, d'appartenance à un style de vie. Le consommateur y trouvait un plaisir effectif et pour rien au monde il n'aurait pris le risque d'oublier ses mouchoirs en papier et de mettre une autre marque à la vue de ses amis, voisins ou collègues. La variable plaisir comme la variable anxiogène jouaient à plein et retenaient le consommateur à la marque. Mais avec l'apparition des marques de distributeurs et la récompense du prix bas, Kleenex® est vite devenue une marque relative. Nombre de consommateurs s'en sont allés dans leurs choix vers le prix et la promotion, bien que certains soient restés fidèles à la marque par pure émotion d'attachement. Puis avec le temps, la démocratisation des produits jetables, l'augmentation du prix du papier, la marque Kleenex® est devenue générique pour finir par être transparente ; le consommateur n'éprouve plus ni plaisir, ni remords, ni crainte à ne pas l'acheter.

Prenons un autre exemple pour illustrer le cycle de vie de ces marques qui un jour étaient absolues et qui ont fini par devenir transparentes : celui de l'essence. Dans les années 1950, les automobilistes cherchaient leur marque pour faire le plein. L'essence Azur, qui n'existe plus aujourd'hui, était très prisée parce qu'elle se proclamait être de l'essence pour avions. Il est vrai qu'elle était de couleur bleue, ce qui soulignait sa pureté. Il faut savoir qu'à l'époque, les voitures étaient moins performantes que de nos jours, et que la rigueur que l'on connaît dans la distribution de l'essence actuellement n'était pas encore en vigueur. En d'autres termes, il y avait beaucoup d'impuretés dans le filtre à essence des voitures, qu'il fallait souvent nettoyer. Les marques comme Shell ou Texaco, elles aussi, étaient ce que l'on pourrait appeler des marques abso-lues. Or, qu'en est-il aujourd'hui ? Personne ne se préoccupe plus vraiment de la marque d'essence qui est dans son réservoir ; c'est le prix qui compte. Sur l'autoroute, on s'arrête là où l'on a besoin de refaire le plein, sans se soucier de la marque de la station. Et en ville, c'est la proximité, l'accueil, la gentillesse du personnel qui fait que l'on peut avoir une préférence, à condition que les prix soient accep-tables. Tout cela concourt à ce que ce soient les pompes à essence des grandes surfaces qui vendent plus de 50 % des volumes en France. Total, Shell et les autres ne sont plus que des marques trans-parentes. En soixante ans, l'essence est passée de marque absolue à marque transparente.

Il en est presque de même pour les huiles de voitures. Il y a moins de trente ans, on se souciait de savoir quelle huile on mettait dans son moteur. Cela tenait au fait que les moteurs étaient de gros consommateurs d'huile, surtout lorsque le véhicule commençait à vieillir. Aujourd'hui, les marques d'huiles de voitures sont soit encore relatives, soit complètement transparentes. Cela est dû au fait que les moteurs sont plus performants, qu'ils sont garantis pour de longues périodes ou des kilométrages importants. Aucune des variables de la marque ne rentre plus en jeu. Bien évidemment, ces marques transparentes continuent à faire des ventes. Elles sont achetées parce qu'elles négocient leurs places dans les linéaires ou parce qu'elles sont en promotion.

■ LE CYCLE DE VIE DES MARQUES

L'incidence des variables émotionnelles (plaisir, anxiété, attachement) qui déterminent la marque comme absolue, relative ou transparente n'est pas un phénomène nouveau. Au début du XXe siècle, les marques étaient toutes absolues par le simple fait que le choix ne se faisait qu'entre des marques réputées ou des produits quasiment en vrac, venant d'on ne sait où. Il valait donc mieux acheter un savon ou un chocolat de marque lorsqu'on en avait les moyens.

En Angleterre, par exemple, à la fin du XIXe siècle, William H. Lever fit construire sur les rives de la Mersey, à quelques *miles* de Liverpool, un vaste ensemble industriel. Son objectif : faire face à l'expansion de son entreprise. Il le baptisa Port Sunlight, du nom du savon qui, en un peu plus d'une décennie, fit la renommée et la prospérité de sa firme Lever Brothers. En 1899, il décida de lancer un second produit tout aussi révolutionnaire pour l'époque : des paillettes de savon extrêmement fines destinées au lavage des textiles délicats. À sa grande surprise, l'accueil des consommatrices anglaises fut plutôt tiède. Lever se tourna alors vers l'agent en marques de fabrique W.P. Thompson de Liverpool, celui-là même qui, en 1875, lui avait si heureusement proposé le nom de marque Sunlight. Ce dernier soumit, entre autres suggestions, Lux : trois lettres aisées à retenir et un mot évocateur de lumière et de blancheur. Un choix judicieux : sous la marque Lux Flakes, les ventes de savon en paillettes connaissent un rapide développement puisqu'elles vont tripler, dès la première année. Lux était bien à l'origine une marque absolue par sa qualité, son originalité et son absence de concurrence (en termes de qualité).

La marque Poulain fabrique du chocolat depuis sa fondation en février 1848 par Victor-Auguste Poulain, confiseur à Blois. Aujourd'hui, Poulain fait partie du Groupe Cadbury Schweppes qu'elle a intégré en 1988. Moins ancienne que Suchard (1826) ou Menier (1836), Poulain est tout de même une des plus anciennes marques de chocolat en France et, sans doute, celle qui a le plus contribué à la diffusion commerciale du chocolat dans toutes les couches de la société. En effet, avant Victor-Auguste Poulain, le chocolat était une denrée artisanale conditionnée sous forme de boudins et vendue comme un produit « santé » – le chocolatier Menier était, par exemple, à l'origine un vendeur de produits pharmaceutiques. Poulain en a fait un produit industriel et gourmand. C'est probablement aussi la première marque de chocolat à avoir massivement communiqué sous forme publicitaire. La société restera comme une innovatrice du marketing. Elle ira jusqu'à acheter des salles de cinéma (110 salles en 1914, y compris en Égypte et en Angleterre) et offrir des « billets de faveur », distribués dans les tablettes, donnant droit à une entrée à moitié prix. Poulain était bien aussi à cette époque une marque absolue, disons par défaut.

L'eau de javel La Croix, comme la pâte dentifrice Émail Diamant – qui est inventée en 1905 par le fameux docteur Walton qui place son fils, chanteur lyrique, sur le tube – étaient par le fait des marques absolues. Ainsi, toute marque innovante qui se fait sa place sur un marché est, par définition, une marque absolue. Nous l'avons vu, aujourd'hui ces marques ne sont plus toutes absolues ; certaines sont relatives, d'autres transparentes. Cela tient à trois raisons essentielles :

- Tout d'abord, les politiques et les gouvernements ont fait voter des lois qui ont renforcé les contrôles sanitaires, et plus largement les contrôles techniques et de qualité, de tous les produits. Petit à petit, les produits de médiocre qualité ont disparu. Par le fait, le public est devenu moins obsédé par la peur d'acheter quelque chose provenant d'un fabriquant peu ou pas connu. On n'imaginerait pas qu'un yaourt ne soit pas de bonne qualité ou qu'une conserve ou un surgelé ne respecte pas les normes sanitaires en vigueur.

- Ensuite, la distribution moderne a démocratisé les produits en facilitant le contact avec le public, en lançant des marques au nom des enseignes. Progressivement, les consommateurs se sont habitués à pouvoir toucher tous les produits, à les prendre, à les soupeser, à se faire leur opinion, à les essayer sans avoir comme par le passé à demander la permission du commerçant plus ou moins ouvert.

- Enfin, l'offre s'est multipliée. L'arrivée incessante de nouveaux produits, de nouvelles tentations, mis en avant par l'hypercommunication, a créé des besoins de possession, de consommation dans le grand public. Faute de pouvoir acheter tous les produits, tous les voyages, toutes les promotions, tous les services, il a bien fallu faire des choix. Les marques de distributeurs et les premiers prix ont permis à ceux qui le voulaient d'accéder à la société de consommation dans les meilleures conditions, en délaissant des marques que l'on aimait bien et dont on avait l'habitude.

Ainsi donc, on observe qu'une marque peut perdre de sa force et passer d'absolue à relative, puis à transparente. Quelles en sont les raisons ? Bien évidemment, cette perte de puissance de la marque provient d'abord de l'évolution des marchés et du comportement des consommateurs directement lié à ces changements. Le marché de la photo s'est trouvé bouleversé par l'arrivée des nouvelles technologies digitales et certaines marques telles que Kodak, Polaroid ou Leica ont cessé d'être référentes. Cette perte de puissance est difficilement résorbable et passe plus par des approches stratégiques que par des remèdes marketing apportés directement à la marque.

Mais cette « baisse de régime » peut aussi provenir des effets conséquents d'erreurs de choix stratégiques des firmes. Le cas de Moulinex est frappant. Pendant que les produits de la marque Seb se développaient, Moulinex voyait sa marque s'effondrer à cause d'erreurs stupides et tragiques. On avait beau vouloir relancer la marque, rien n'y faisait. Le problème se situait au niveau des managers et des prises de décision. Peu à peu, on ne pouvait que constater que la variable plaisir, comme les autres variables de marque, se diluait dans une situation que nous qualifierons de chaotique. Ce qui est vrai pour Moulinex l'a été à l'époque pour les marques d'automobiles Bugatti, Panhard, Voisin et MG. Toutes ces marques, bien qu'excellentes, n'ont pas su anticiper l'avenir.

C'est donc souvent au niveau de l'erreur marketing que se situe la descente aux enfers de la marque. Convaincues que la marque est avant tout une image, une notoriété, un bénéfice, nombreuses sont les sociétés qui, faute de connaître les trois variables (plaisir/anxiété/attachement), se sont évertuées à ne dépenser leur énergie que dans les seules actions publicitaires, toutes plus belles et plus créatives les unes que les autres. Arrivant malheureusement beaucoup trop tard, c'est-à-dire lorsque les notions d'anxiété, de plaisir et d'attachement ne trouvaient plus leur place dans l'esprit du consommateur, ces actions de communication ne pouvaient pas rencontrer d'écho auprès de leur public. Qui ne se souvient pas des investissements publicitaires de la marque Olida ? Cette marque de jambon à la coupe et de jambon préemballé n'a jamais pu rattraper son concurrent Herta. Alors que ce dernier comprenait que sa marque était relative, et qu'il fallait donc consacrer toute son énergie sur les points de vente avec une faible présence dans les grands médias, la marque Olida, elle, s'enfermait dans une campagne d'image et courait à sa perte.

■ LA RELATION AUX ACHETEURS DE LA DISTRIBUTION

Il existe des centaines de livres qui prônent toutes les techniques, les stratégies pour négocier au mieux avec les acheteurs des grandes surfaces, des grands magasins et autres centrales d'achat. Imaginez que vous êtes acheteur de la grande distribution, vous savez maintenant que :

- les marques se définissent par leurs variables plaisir/anxiété/attachement et leur intensité sur chacune de ces variables ;

- les marques absolues sont celles qui ont une très forte variable plaisir et anxiété. Elles se définissent par le fait qu'elles résistent parfaitement à leurs concurrents lorsque ces derniers baissent leurs prix. Si les produits portent intrinsèquement les variables plaisir/anxiété/attachement, les campagnes de publicité exacerberont ces variables, conférant aux marques leur position absolue ;

- les marques relatives sont celles qui n'ont plus à proprement parler d'effet plaisir, pas plus qu'elles n'ont d'effet anxiété. Elles se caractérisent par une faible résistance aux prix des concurrents. Cependant, une partie des utilisateurs de ces marques est, contre toute attente, fidèle par le simple fait que la variable attachement est significativement effective. Ces marques survivent par des actions à la fois *below* (promotion, merchandising) et *above the line* (actions média) ;

- les marques transparentes sont celles où les trois variables n'ont plus d'effet. Elles se caractérisent par le fait qu'elles ne résistent jamais aux prix de leurs concurrents. Seule la promotion peut leur permettre de prendre quelques ventes à ces derniers ;

- le cycle de vie des marques existe et dépend de différentes situations, liées à l'évolution du consommateur.

Si le fournisseur vient vous présenter sa (ou ses) marque(s) et que vous découvrez que son offre n'est constituée que de marques transparentes, il est clair que vous serez en position de force pour négocier. Pour accorder à ce fournisseur de la place dans vos magasins et dans vos gondoles, vous exigerez de lui tout ce qu'il vous est possible d'exiger. Il aura pu suivre tous les séminaires que lui aura offerts son entreprise sur l'art de négocier avec vous, rien n'y fera ; si les marques sont transparentes alors, par conséquent, c'est vous qui ferez vendre le produit en lui accordant du *facing* ou la possibilité de lancer ses promotions. Bien évidemment, il vous parlera de ses marques, de leur image, de leur qualité, de leur notoriété. Mais vous n'écouterez pas, car vous saurez très bien qu'en l'absence des variables plaisir/anxiété/attachement le public ne réagira pas aux messages de publicité qu'il vous expose. Pour vous, l'entreprise qui vous envoie ce vendeur est complètement sous votre coupe. Elle aura beau demander de belles publicités porteuses d'émotion à son agence de publicité, personne ne mordra à l'hameçon. Contrairement à la publicité, dont le rôle est d'amplifier le message, seule la marque au travers de ses trois composantes (plaisir, anxiété, attachement) suscite une réelle émotion et crée une relation sentimentale, affective et psychologique avec le consommateur. Dans notre « nouvelle théorie de la marque », pour qu'il y ait émotion, le consommateur doit retrouver le plaisir, l'anxiété et l'attachement qui ont marqué son cerveau au sens physiologique du terme. En un mot, tout se passe au niveau de l'hypothalamus et de la production de dopamine.

Considérons maintenant un autre fournisseur, qui vient vous présenter ses marques pour que vous les référenciez. Devant sa présentation, vous êtes assez embarrassé parce que vous ne reconnaissez pas clairement la nature de ses marques. Vous êtes certain que ce ne sont pas des marques transparentes, mais vous pensez qu'elles sont peut-être absolues ou, pour certaines, relatives. Si le vendeur est bien formé, il va jouer de votre embarras. Si ses marques sont effectivement relatives, vous pouvez, en tant qu'acheteur, être intransigeant ; vous pouvez lui demander de faire des efforts pour que le produit soit bien placé sur les gondoles. Bien sûr, s'il connaît la « nouvelle théorie de la marque », il fera valoir le fait qu'une bonne part des consommateurs (30, 40 %) exigeront la marque (le vendeur exagère toujours la quantité de clients fidèles à une marque relative, c'est son rôle) parce qu'ils ont un attachement à cette dernière. Vous pourrez aller jusqu'à croire que ces marques sont absolues. Il vous montrera même la campagne de publicité en cours. Attention, vous risquez de tomber sous le charme. Pour vous, distributeur, le choix n'est pas facile. Allez-vous donner du *facing* à une marque qui n'est pas absolue ou allez-vous, au contraire, considérer que les quelques clients fidèles à cette marque méritent de trouver leur produit en très bonne position dans votre magasin et prendre, du coup, le risque de consacrer trop de place à un produit qui aurait pu être remplacé par votre marque de distributeur ? Il vous faut prendre une décision, voire même un risque. Soit vous jouez la carte de la marque relative et vous faites bonne place aux marques premier prix ou de distributeurs dans vos linéaires, soit vous tenez à conserver les quelques clients fidèles à la marque, à ne pas les laisser aller chez vos concurrents. Prendrez-vous le risque de ne pas accorder la visibilité suffisante à cette marque, même relative ? Le risque de voir partir à la concurrence même seulement 30 % des clients qui aiment cette marque vaut-il la peine d'être couru ?

Enfin, si un fabricant vient vous présenter ses produits et que vous constatez à la lumière de votre expérience qu'il s'agit de marques absolues, vous savez que vous avez perdu d'avance. C'est lui qui est en position de force, car vous ne pouvez pas ne pas référencer les marques absolues. Elles sont exigées par le consommateur. Si elles ne sont pas dans votre magasin, les clients iront les chercher ailleurs. Essayez de boycotter Coca-Cola, l'huile d'arachide Lesieur ou la crème Nivea. Vous verrez alors votre fréquentation diminuer. Mais ce qui vous agace davantage, c'est que vous devez absolument aligner les prix de ces produits sur ceux de vos concurrents. Vos clients connaissent parfaitement le prix de ces produits, gare à vous si vous êtes trop cher, votre image prix ne s'en remettra pas. Vous prenez conscience que vous êtes en fait prisonnier de ces marques incontournables. Vous pouvez, certes, espérer que ces marques deviendront un jour relatives, voire transparentes. Mais la distribution ne se satisfait pas de ce qui peut se passer demain, dans trois ans ou jamais.

Bien évidemment, dans la réalité, les choses ne sont pas aussi simples. Les entreprises proposent au marché des gammes de produits. Dans leur gamme, il y a aussi bien des marques absolues, que relatives ou transparentes. Rares sont les entreprises qui n'ont que des marques absolues à présenter au marché. La distribution considère en réalité deux types de fournisseurs : les fournisseurs objets et les fournisseurs sujets.

LE FOURNISSEUR OBJET

Considérons un fournisseur qui présente une gamme de cinq marques dans des catégories de besoins différents, par exemple le fromage, le beurre, la crème fraîche, le yaourt ou le nettoyant pour sols, four, vitres, etc. Chaque marque peut soit avoir un nom unique (Tampax, Ariel, Pampers), soit se présenter sous le nom de la firme comme, par exemple, tous les produits à la marque Président. Imaginons que trois des cinq produits de ce fabricant (M_1, M_2 et M_3) fassent les meilleures ventes et apportent la meilleure contribution à ce fournisseur – M_1 représentant plus de 20 % de ses ventes. Malheureusement, ces trois marques sont transparentes. Les deux autres marques (M_4 et M_5) sont pour l'une relative, pour l'autre absolue. M_5, qui est donc une marque incontournable pour la distribution, ne réalise que 5 % des ventes de ce fabricant. Le service achat du distributeur va prendre un malin plaisir à mettre son fournisseur en difficulté. Pour les trois marques transparentes (M_1, M_2 et M_3) qui sont vitales pour le fabricant, le distributeur va demander le maximum. Il sait qu'il a toute la latitude pour le faire. Pire, il va exiger qu'on lui donne la marque absolue (M_5) à des conditions exceptionnelles, faute de quoi il ne référencera pas les marques transparentes (M_1, M_2 et M_3) qui, rappelons-le, constituent la source des profits de l'entreprise. Cette entreprise est complètement dépendante de la distribution, c'est pourquoi on la qualifie de « fournisseur objet ».

Ce fournisseur doit négocier pour que le distributeur lui donne la possibilité d'avoir de la visibilité au linéaire. Il faut absolument que son produit soit bien placé. Il a beau avoir de la notoriété, une bonne image, le consommateur, lui, (puisque M_1, M_2 et M_3 sont transparentes) prend ce qui lui tombe sous la main ou, bien sûr, ce qui est moins cher. Le distributeur sait pertinemment qu'il peut se passer de M_1, M_2, M_3 et qu'il peut remplacer ces marques par des marques de distributeurs, des premiers prix ou des marques de challengers. Aussi, va-t-il exiger beaucoup de son fournisseur en termes de prix, de promotion, de « marges arrière ». Il va vouloir qu'on lui offre des conditions particulières sur la marque M5. Il peut même exiger que ce fournisseur lui fabrique sa marque de distributeur.

LE FOURNISSEUR SUJET

Considérons un nouveau fournisseur qui, lui aussi, a cinq produits. Trois de ces produits sont des marques absolues : A1, A2 et A3. Elles réalisent les meilleures ventes et fournissent la plus large contribution aux profits de la firme. Les deux autres marques (A4 et A5) sont pour l'une transparente, pour l'autre relative. Leurs contributions respectives à la profitabilité sont faibles. Le distributeur sait bien qu'il ne peut faire autrement que de référencer les marques absolues A1, A2 et A3, car si ces marques ne sont pas dans ses magasins, il perdra la clientèle qui ira ailleurs les acheter. L'entreprise, ici, domine le distributeur. C'est elle qui décide de la façon dont les négociations vont se dérouler. C'est elle qui va imposer sa loi et définir à quelles conditions elle accepte de faire un effort pour faciliter la relation avec le distributeur. Bien évidemment, elle demandera au distributeur de bien référencer ses marques A4 et A5. Et ce dernier s'exécutera pour avoir un petit quelque chose sur les marques absolues. Ces entreprises sont dites « sujet ».

On observe ici que la « nouvelle théorie de la marque » influence la stratégie de l'entreprise non seulement au niveau de sa relation au distributeur, mais aussi au niveau de ses acquisitions et de sa croissance. Dans les années 1980, nombre d'entreprises ont été tentées par la croissance externe. Elles ont donc racheté d'autres entreprises qui avaient des marques connues. L'idée était de construire de grands groupes alimentaires. Malheureusement, beaucoup de ces entreprises ne se sont pas souciées de savoir si ces marques étaient absolues, relatives ou transparentes. On ne prenait en compte que la notoriété et l'image des nouvelles acquisitions. Avec la montée des marques de distributeurs, conséquence directe du déclin de certaines marques passées rapidement d'absolues à transparentes, ces groupes se sont vite trouvé être des entreprises « objet » naturellement maltraitées par la distribution. Rapidement, ces groupes ont dû envisager de nouvelles stratégies et se débarrasser des marques transparentes qui polluaient leur relation à la distribution. Cela explique aussi pourquoi certains groupes sont devenus des fabricants de marques de distributeurs. Faute de pouvoir négocier avec la distribution le référencement de leurs marques relatives ou transparentes, ils ont préféré apporter à la distribution leur savoir-faire et leur production. En contrepartie, la distribution a laissé une petite place à leurs marques.

■ LA MISE EN QUESTION DE LA MARQUE OMBRELLE

Une idée domine dans le monde de la marque, celle de la marque ombrelle. Elle consiste à croire que lorsqu'on a la chance d'avoir une grande marque, il faut en profiter pour s'en servir comme marque générique pour tous les produits de la gamme que l'on offre au public. Autrement dit, l'émotion procurée par la marque pourrait se répandre et toucher tous les produits qui en porteraient le nom. Il n'est pas d'articles, de conférences où l'on ne prenne, pour démontrer cette théorie de la marque ombrelle, les exemples d'Adidas et de Nike qui, sous un même nom, vendent avec succès des chaussures, des survêtements, des balles et des clubs de golf, des sacs de voyage, etc. Même chose pour les marques Hermès, Chanel, Dior qui vendent sous leur nom du parfum, du maquillage, du prêt-à-porter, des boutons de manchette, des cravates. La belle histoire de ces entreprises, leur réussite incite souvent les marqueteurs à penser qu'ils pourraient en faire autant avec leur marque. Il tombe sous le sens qu'avoir une même marque pour tous ses produits procure des avantages considérables en termes de mémorisation de la marque, d'économie de publicité, d'impact sur le consommateur. Mais le principe de la marque ombrelle, pour intéressant qu'il soit, n'est cependant pas aussi simple et immédiat qu'on peut l'espérer.

L'expérience a montré qu'il ne fonctionnait pas dans tous les cas, qu'il fallait absolument respecter des règles bien précises.

Prenons l'exemple de la marque Nivea Crème, qui est une marque absolue. Toutes les mamans connaissent ce merveilleux produit qui fait que leur bébé n'a jamais d'irritation de la peau et présente, à tout instant, des fesses bien lisses, bien propres et de jolies couleurs. Elles reconnaissent à distance cette belle boîte ronde et bleue. Pour rien au monde elles prendraient une autre marque pour leur bébé ou pour elles. Ce sont les qualités curatives exceptionnelles de cette crème qui lui confèrent depuis toujours son caractère de marque absolue. Considérons maintenant les autres produits déclinés sous le nom de Nivea, comme les bains moussants, les shampooings, les laits démaquillants, les déodorants et les produits pour homme. Si le consommateur considère Nivea Crème comme une marque absolue, il n'en est pas de même pour ces derniers. Au point de vente, le consommateur n'a en effet pas de relation particulière avec ces produits à la marque Nivea. Il préfère d'autres marques comme Mixa bébé, Timothée pour les shampooings, Obao pour les bains moussants, etc.

Tandis que Nivea Crème recèle le facteur plaisir (à l'idée que bébé ait une belle peau), que la maman ressent l'angoisse de se trouver privée du produit lorsque la peau de son bambin brûle, les autres produits de la gamme n'héritent pas de ces spécificités. Ils sont soit des marques relatives, soit tout simplement des marques transparentes.

Comment expliquer alors, dans le cas d'Hermès, d'Adidas et de Chanel, que cette réalité de la marque ombrelle fonctionne ? Lorsque le consommateur achète un produit de la gamme Hermès, tel un sac pour femme, une ceinture ou un foulard, il le fait parce que la marque confère à tous ses produits sans exception une même propriété particulière et unique : le plaisir de « l'appartenance ». À l'origine, Hermès était un sellier-bourrelier qui confectionnait et vendait des harnais et des équipements de grande qualité pour les chevaux. Dès la fin du XIXe siècle, sous la direction de Charles-Émile Hermès, l'entreprise, implantée rue du Faubourg Saint-Honoré, diversifia sa production vers la fabrication de sacoches de cuir qui furent appréciées de la bourgeoisie parisienne. Hermès fut vite reconnu comme un fabricant de produits de qualité pour une classe de consommateurs triés sur le volet, ayant les moyens de s'équiper en produits de luxe. À cette époque, celui qui avait les moyens et du goût s'équipait en Hermès. C'était un connaisseur. Il n'était pas comme les autres… Aujourd'hui, un produit Hermès et ce, quel qu'il soit, procure à son propriétaire le plaisir de la qualité du produit (odeur, toucher, beauté de la forme) certes, mais aussi celui du signe de l'appartenance à un groupe de personnes distinguées. Porter l'« H » de chez Hermès déclenche une émotion communément répandue, qui consiste, d'une part à ne pas se percevoir comme tout un chacun et, d'autre part, à s'imaginer membre ou appartenant à une élite. C'est la production de cette émotion qui donne à Hermès son caractère de marque absolue, caractère que l'on retrouve dans tous les produits placés sous l'ombrelle de la marque. Pour que le principe de la marque ombrelle fonctionne, il faut donc, et il suffit d'ailleurs, que la ou les propriétés qui attribuent à la marque son caractère absolu se retrouvent et soient nécessaires à chacun des produits de la gamme.

Imaginez que votre marque leader soit une marque absolue. Le consommateur perçoit parfaitement les trois variables de votre marque, ce qui le rend fidèle. Il éprouve un plaisir unique avec cette marque. Vous vient alors l'idée de lancer un nouveau produit, que vous mettez sous le nom de votre marque leader. Malheureusement, il ne véhicule ni un plaisir exclusif (il y a déjà de nombreuses marques sur le marché qui procurent ce même plaisir) ni une angoisse particulière (on peut changer de marque sans problème dans cette catégorie de produit). Le fait que ce nouveau produit porte le même nom que votre marque leader n'impressionne pas le consommateur, pas plus que le distributeur. Vous avez fait une économie en termes de publicité lors du lancement, mais au niveau des ventes vous n'observez aucun signe positif : votre nouveau produit est transparent ou relatif. Pour qu'une marque ombrelle ait un sens, il faut donc que tous les produits qui se trouvent sous cette marque correspondent à un même plaisir et à une même anxiété. La marque Hermès peut prétendre être une telle marque. Il en est de même pour certaines marques de voitures telles que Renault, Toyota, BMW. Chez Renault sont créées des voitures aux différents prénoms (Laguna, Mégane), des camions, des véhicules utilitaires, etc. Quant à la marque japonaise Toyota, elle a bien senti la nécessité d'installer deux marques ombrelles ; l'une pour ses voitures traditionnelles, l'autre, Lexus, pour sa gamme de luxe. Le constructeur a voulu donner par là un signal fort à ses clients en distinguant de façon claire deux promesses de plaisir et d'angoisse différentes.

■ NOUVELLE COMMUNICATION POUR LA MARQUE

Les marques absolues puisent leur force dans le plaisir unique qu'elles donnent et dans l'angoisse que ressent le consommateur à l'idée de le perdre. Cette angoisse se fait jour lorsqu'il a la possibilité d'envisager d'abandonner sa marque et d'en prendre une autre soit pour une question d'offre promotionnelle soit parce qu'une nouvelle marque l'attire, soit encore parce que sa marque est absente du linéaire. On voit se dessiner ici les deux missions de la communication dans le cas des marques absolues, à savoir :

* cultiver la fidélité à la marque, renforcer les mémorisations du plaisir et stresser par des images d'angoisse ;
* déstabiliser les fidèles d'une marque concurrente absolue, elle aussi, pour leur offrir la possibilité d'abandonner leur anxiété et de se sentir à l'aise en changeant de marque.

RAPPELEZ LE PLAISIR QUE LA MARQUE PROCURE !

Ce qui a changé entre le cinéma muet et le parlant, ce n'est pas seulement la voix des acteurs et le ton avec lequel ils s'expriment, mais aussi la musique qui accompagne les images. Le cinéma parlant tire en grande partie son émotion de sa musique.

Ann Blood et Robert Zatorre de l'université de Montréal ont montré que les musiques que nous apprécions, celles qui nous donnent du plaisir, activent le cortex orbitofrontal, l'insula et le striatum, alors que celles qui nous déplaisent activent le gyrus parahippocampal. Ainsi, les émotions seraient cartographiées à la surface du cerveau et chaque type de sentiment aurait sa place sur notre encéphale. Le psychologue David Durham de l'université de Caroline du Nord a fait écouter des accords de deux notes à des volontaires et leur a demandé de définir si ces accords leur étaient agréables ou désagréables. Il a constaté que certains accords étaient appréciés de tous (la tierce majeure, par exemple) alors que d'autres étaient rejetés (la tierce mineur ou l'accord do, do dièse, par exemple). Le psychologue David Schwartz, quant à lui, a établi que si l'on mélange, à l'aide d'un synthétiseur, les différentes notes qui forment les accords préférés d'une majorité de personnes, on obtient un son proche du timbre de la voix humaine, tandis que les accords jugés moins agréables s'éloignent de cette tonalité. Nous pouvons admettre alors que lorsque nous écoutons un morceau de musique en mode majeur, notre cerveau frémit de bonheur. Inversement, lorsque nous écoutons une musique en accords mineurs, nous ressentons une angoisse.

La neurobiologiste Stéphanie Khalfa de l'université Méditerranée de Marseille a remarqué que lorsque nous préparons un discours ou que nous nous apprêtons à monter sur scène, la concentration de cortisol (hormone du stress libérée par les glandes surrénales en réponse à un stress) augmente dans notre salive. Si nous entrons dans une pièce où l'on nous fait écouter une musique agréable, le taux de cortisol diminue pour redevenir rapidement normal. À l'inverse, si l'on entre dans une pièce où la musique est agressive, déplaisante, le taux de cortisol reste élevé ; notre stress ne disparaît pas. Enfin, David Kraemer de l'université de Dartmouth a fait écouter des airs connus à des volontaires installés dans un scanner. Il a constaté que le cortex auditif primaire s'activait lorsque les sujets entendaient de la musique et qu'il restait activé lorsqu'on arrêtait le son.

Le ton de la voix et la musique de fond d'une publicité sont donc des éléments d'une importance considérable pour, d'une part créer une relation émotionnelle à la marque et, d'autre part, faire en sorte que le consommateur se remémore le plaisir qu'elle lui procure. Ce faisant, la publicité ne remplit là qu'une partie de sa mission. Il faut aussi, dans le cas de ces marques, que le consommateur ressente une anxiété, une peur à l'idée de ne plus pouvoir profiter de sa marque.

CRÉEZ UNE ANGOISSE !

Les parents savent que leurs jeunes enfants doivent dans tous les cas être propres, c'est inscrit dans leur cerveau reptilien depuis la nuit des temps. Ils savent aussi, grâce à la publicité, qu'un enfant « mouillé » est le signe de parents négligents qui sont, par conséquent, d'affreux mauvais citoyens. Ainsi naît l'anxiété d'avoir des couches qui n'absorbent pas assez et qui font que l'enfant « baigne dans son jus » lorsque l'heure du « pipi » arrive. La marque Pampers (marque absolue) a pendant longtemps utilisé cette anxiété pour fidéliser les parents. On se souvient de ce spot publicitaire où l'on voyait un père effrayé quitter son bureau, courir vers son domicile, aller au berceau de son bébé, mettre la main sous la couche et constater avec un immense soulagement qu'il était sec. Cette publicité n'était pas innocente. Elle créait à la fois un plaisir, celui de trouver l'enfant bien au sec, et une anxiété dégagée par l'angoisse du père et sa course effrénée. Ce sont probablement les images du père stressé qui ont contribué à créer cette anxiété de ne pas trouver l'enfant sec. Malgré les efforts de ses concurrents et l'arrivée des marques de distributeurs, Pampers est restée une marque absolue.

La peur, l'angoisse sont des émotions complexes. On sait que la peur agit sur l'amygdale qui active la substance « grise centrale », ce qui nous paralyse. C'est en nous figeant face au danger que souvent nous sommes sauvés ; les prédateurs attaquent ce qui bouge. Martin Seligman de l'université de Pennsylvanie a établi que l'humain ressent une angoisse profonde quand il a le sentiment de ne plus maîtriser ou de ne pas comprendre une situation. Cela explique, entre autres, l'angoisse qu'ont les enfants dans le noir. Connaître, comprendre ce qui vous arrive permet au cerveau de trouver des solutions, car les zones frontales de ce dernier dégagent des lois pour survivre lorsque nous sommes à même de comprendre la situation. En voyant, dans la publicité de Pampers le père courir, nous ressentons l'angoisse qu'il peut éprouver et nous faisons nôtre cette peur en même temps que nous mémorisons la situation.

Il en est de même si un jour nous avons un grave accident d'automobile. Alors que nous n'avions pas peur en voiture, après l'accident nous redoutons d'y prendre place comme conducteur ou passager. Le décor de la voiture a été associé dans nos connexions cérébrales à la peur que nous avons ressentie lors du crash. Sébastien Bohler explique qu'il s'agit ici de ce qu'il est convenu d'appeler une peur « conditionnée ». Que se passe-t-il en réalité ? Le danger de base active les neurones « effecteurs » situés dans l'amygdale cérébrale, lesquels déclenchent les réactions de l'organisme caractéristiques de la peur, du fait qu'ils sont reliés à l'hypothalamus et aux noyaux du tronc cérébral qui commande la libération d'adrénaline. Ainsi, dès que les neurones effecteurs s'activent, la peur surgit. Le fait que la peur survienne en un endroit particulier active des neurones dits du « contexte » qui vont mémoriser la scène. Selon le fonctionnement du cerveau, lorsque des neurones s'activent, au même moment ils renforcent naturellement leurs connexions. Les neurones « effecteurs » et les neurones du « contexte », dans le cas de l'accident d'automobile, vont donc s'associer, ce qui nous rend réticent à remonter dans une voiture après ce qui nous est arrivé. Voir un père crispé, courant pour retrouver son enfant, nous fait nous remémorer des scènes de peur que nous avons probablement vécues un jour ou l'autre. La course effrénée du père nous rappelle aussi la peur, puisque nous savons aujourd'hui que ce n'est pas la peur qui nous fait courir devant un danger, mais bien le fait de courir qui nous procure une peur de ce dernier.

Observons les publicités pour les pâtes dentifrices qui, soulignons-le, sont toutes des marques absolues. Pour créer l'angoisse fidélisatrice et conserver à la marque son caractère incontournable, le publicitaire va développer sa créativité à partir de plates-formes dites « anxiogènes ». Pour une certaine marque, cette plate-forme va être constituée de la fameuse plaque dentaire – on va montrer, par des images simples, comment et combien cette plaque est dangereuse pour les dents et la nécessité qu'il y a à la faire disparaître au plus vite. Pour une autre marque, ce seront les gencives qui saignent, pour d'autres enfin le jaunissement des dents, etc. Ainsi, chaque marque va se positionner sur une plate-forme anxiogène, laquelle lui permettra de créer une anxiété et de signaler au consommateur que si, par malheur, il changeait de marque, personne ne pourrait lui garantir que l'anxiété à laquelle il adhère trouverait une solution.

Bien évidemment, les conditions dans lesquelles s'effectue la communication sur les marques aujourd'hui ne facilitent pas les stratégies publicitaires visant à remémorer le plaisir et à créer une angoisse ou une peur au travers d'une plate-forme anxiogène. Les spots de télévision sont, d'une part très courts, ils se succèdent les uns derrière les autres et interviennent le plus souvent au moment où nous sommes sous l'emprise d'une forte émotion créée par un film, un débat, etc. Difficile alors, dans ces instants-là, de déclencher des émotions soutenues pour une marque absolue. À l'heure actuelle, les plans médias servent à créer la meilleure couverture, c'est-à-dire à augmenter les chances d'être vu. Il est clair que cet objectif des médiaplanneurs ne répond qu'à une partie du problème. Faire un plan média devrait consister aussi à définir sur quel support on peut transmettre le plaisir, et sur quel autre on peut transmettre la peur.

DÉSTABILISEZ LES FIDÈLES DES MARQUES CONCURRENTES !

Si vous êtes une blonde ou une brune, si vous utilisez une teinture pour vos cheveux soit pour cacher ceux qui sont blancs soit pour obtenir la couleur que la nature ne vous a pas donnée, vous restez profondément fidèle à votre marque. Vous ne changeriez pas cette dernière pour tout l'or du monde, il y aurait trop de risques. Et c'est tout à fait normal, car nous sommes dans le cas d'une marque absolue. Comment alors, si l'on est l'une des deux ou trois grandes marques du marché, conquérir de nouvelles clientes et leur prouver que l'on peut faire encore mieux que la marque qu'elles utilisent ? Impossible de communiquer le plaisir ou la satisfaction, puisque la consommatrice n'a jamais essayé votre produit. Impossible de créer en elle une anxiété, elle n'en a qu'une ; celle de ne pas retrouver sa marque !

La tentation risque d'être forte d'imaginer une stratégie publicitaire vantant au mieux les « plus » de votre marque. Pensons-nous que cela pourra fonctionner ? La réponse est non. La marque de teinture utilisée par la consommatrice lui procure un plaisir effectif unique. Elle trouve sa chevelure parfaite. Elle aurait trop peur de ne pas retrouver sa couleur, son éclat en changeant de marque. Elle n'écoute donc pas le tentateur que vous êtes, d'autant plus qu'elle ne pense pas un instant que l'on puisse lui apporter quelque chose de mieux. La communication ne passe pas ! En réalité, pour déstabiliser cette consommatrice, il faut instaurer en elle le doute. Le doute est une autre forme d'anxiété. C'est un sentiment très fort, particulièrement pénétrant, qui conduit à ce qu'il est convenu d'appeler la « conscience malheureuse » ou encore la « mauvaise conscience ».

La culpabilité est un jugement porté par une partie de notre cerveau sur une autre partie. C'est, selon Sébastien Bohler, *« un véritable tribunal intérieur avec un juge et un accusé »*. Le neurologue japonais Hideiko Takahashi a découvert ce qui donne mauvaise conscience aux personnes qui se sentent coupables. Il a placé des volontaires dans un scanner et leur a fait lire des phrases telles que : « Je suis sorti d'un restaurant sans payer », ou : « J'ai sciemment envoyé un mail infecté par

●●●

• • •

un virus à plusieurs personnes » tout en leur demandant de s'imaginer être réellement dans cette situation. Il a établi que deux zones du cerveau étaient particulièrement actives : le cortex préfrontal médian et le cortex prémoteur. Ce dernier correspond à la zone de planification des actes ; c'est dans cette partie du cerveau que se forment les intentions. Quant au cortex préfrontal médian, il évalue ces intentions. Ainsi, la personne qui se sent coupable active à la fois les zones où se forment ses propres intentions et les zones qui jugent ces intentions. On peut donc dire que la culpabilité est un regard porté sur la volonté que l'on poursuivait en se livrant à un acte. Lorsque le cortex préfrontal médian se rend compte que l'on était animé d'une mauvaise intention et que l'on a néanmoins réalisé le geste correspondant à cette intention, il fait naître le sentiment de culpabilité. Il a la mémoire tenace. Dès que vous pensez à une chose de mal que vous avez faite, le cortex prémoteur réactive l'intention qui était la vôtre et la soumet au juge de paix qu'est le cortex préfrontal médian. Friedrich Nietzsche disait que la culpabilité était une dette fictive de l'homme envers Dieu. On sait aujourd'hui qu'elle est une dette envers le cortex préfrontal médian, que *« le bien et le mal ne sont pas innés ; ils s'apprennent au fur et à mesure de nos expériences sociales »*.

Pour semer le doute, donner la conscience malheureuse, deux stratégies s'offrent à nous : celle de l'alternative ou celle de l'« inévitabilité ». Dans les deux cas, il faut apprendre au consommateur où est le bien et où est le mal dans ce qu'il fait. Mais attention, cela ne consiste pas à dénigrer la marque qu'il utilise et à lui trouver tous les défauts possibles. On veut communiquer ici avec un consommateur qui aime sa marque et qui la définit comme incontournable. On ne peut en aucune façon le brusquer. Il faut tout simplement, à partir d'une stratégie subtile, amener ce consommateur à douter de ses certitudes et à se remettre en question.

L'alternative vise à mettre le consommateur au centre d'un choix cornélien entre, d'une part ses habitudes, ses croyances, ce qu'il estime être bon pour lui et, d'autre part, la nouvelle marque, le changement, la novation qu'il risque de ne pas connaître à cause de son manque de courage, lié à sa peur de tenter une nouvelle aventure de marque. Il ne s'agit donc pas de lui parler d'un équilibre entre plusieurs valeurs, mais bien de le culpabiliser et de lui donner le regret de passer à côté de quelque chose d'important. Si, par exemple, vous discutez avec l'un de vos amis qui utilise un portable Mac, alors que vous êtes depuis toujours un utilisateur d'une marque de portable PC, il y a de fortes chances qu'il vous mette dans une alternative qui vous fasse réfléchir. Il vous dira tout le bien qu'il pense de son Mac. Il parlera de la convivialité, de la facilité à travailler. Vous l'écouterez d'une oreille distraite. Vous connaissez votre PC et, finalement, tout ce que l'on vous dit sur les avantages du Mac ne vous intéresse pas fondamentalement. Mais là où les choses risquent de changer, c'est lorsqu'il vous annoncera qu'il n'y a pas de virus sur Mac. Ce sera le point de départ de l'alternative. Vous ne retiendrez pas forcément les qualités du Mac, mais vous réfléchirez longtemps à ces propos-là. Le jour où vous serez infesté et que vous perdrez tout ce qui se trouve sur votre disque dur, vous vous sentirez coupable de ne pas avoir changé.

L'inévitabilité est de nature très différente. Elle consiste à dérouler une succession de faits qui, tous, prouvent que si vous ne prenez pas de décision, un jour ou l'autre vous devrez en payer les conséquences. Quand ce qui a été annoncé se produira, alors vous serez culpabilisé et aurez la conscience malheureuse. Un bon exemple de cette inévitabilité nous fut donné par l'affiche du Parti socialiste dans les années 1980, lorsque le candidat François Mitterrand faisait campagne contre le président sortant Valéry Giscard d'Estaing. Cette affiche annonçait simplement : « *Le socialisme est une idée qui fait son chemin.* » Nombre d'électeurs indécis se dirent que, finalement, il était tout à fait normal et même inévitable qu'un président socialiste puisse gouverner la France. Chez les électeurs de droite, cette affiche souligna l'inévitabilité de l'arrivée d'un président socialiste, ce qui eut pour conséquence de placer Giscard d'Estaing en challenger et Mitterrand en leader.

CHOISISSEZ UNE COMMUNICATION EFFICACE POUR VOS MARQUES RELATIVES ET TRANSPARENTES !

Il est légitime que les responsables d'une marque relative souhaitent développer une stratégie de communication visant à donner à leur marque une force comparable à celle des marques absolues. Et c'est d'autant plus justifié que ces marques relatives possèdent toujours, par définition, un pourcentage de clients fidèles qu'il faut savoir conserver. La question se pose de savoir si l'on doit, comme dans le cas des marques absolues, jouer ici sur le plaisir de ces clients fidèles et sur leur anxiété – sachant qu'ils ne représentent qu'une faible partie des ventes – ou au contraire s'il faut estimer que le jeu n'en vaut pas vraiment la chandelle et mettre tous ses efforts dans ce qu'il est convenu d'appeler le *below the line* (en promotion au point de vente ou en efforts pour que le distributeur vous donne une place suffisante dans ses linéaires). La réponse n'est pas évidente, elle est à chercher dans la composition du portfolio des marques de l'entreprise. Selon que cette dernière sera du point de vue de la distribution une entreprise objet ou sujet, il conviendra de faire son choix de stratégie de marque.

Concernant les marques transparentes, le problème est totalement différent. Par définition, on sait que ces marques ont une image, une notoriété, mais pas de client fidèle ; les ventes ne sont que la conséquence d'une bonne exposition au point de vente ou l'effet d'une promotion alléchante. Mais il est difficile, pour ne pas dire impossible, pour les responsables marketing de ces marques d'admettre qu'ils n'ont aucune possibilité d'action pour conserver leurs parts de marché ou en gagner de nouvelles. Pour ces marques transparentes, le piège consiste à croire qu'une musique adaptée, alliée à des images merveilleuses, pourra créer une relation émotionnelle à la marque. Car, comme nous l'avons vu, c'est peine perdue. La communication augmentera certes la notoriété, mais pour autant aucune des trois variables importantes (plaisir, anxiété, attachement) ne seront reconstituées ou renforcées. Dans le cas de ces marques transparentes, la communication dans le sens « défense de la marque » est donc une stratégie qu'il vaut mieux oublier.

Ce côté inévitablement négatif de la marque transparente irrite souvent les responsables marketing qui se refusent à cette fatalité. Admettre que l'on ne puisse faire quelque chose pour sa marque, c'est une fois pour toutes considérer qu'il y a des limites à toute action marketing. Et cela n'est généralement pas accepté. C'est pourquoi il n'est pas rare de les voir avancer l'exemple de Tempo pour démontrer que l'on peut toujours faire quelque chose en marketing. Aujourd'hui, les marques de mouchoirs en papier sont presque toutes des marques transparentes ; leurs ventes dépendent de leur distribution et de leur exposition en magasin. Pour autant, la marque Tempo décida il y a quelques années de ne pas se laisser dominer par la distribution et lança une communication s'appuyant sur une plate-forme anxiogène. La publicité télévisée montrait que certains mouchoirs étaient tellement minces, c'est-à-dire si peu épais, que lorsqu'on se mouchait dedans ce n'était plus le mouchoir qui retenait ce qui sortait du nez, mais bien les doigts de l'enrhumé. Avec des images simples mais très explicites, les consommateurs comprirent rapidement qu'il y avait différentes qualités de mouchoirs. Il y avait les mouchoirs pas chers, mais peu solides (les marques de distributeurs) et la marque Tempo. Ainsi, il est parfois possible pour une marque transparente de devenir absolue, du moins pour un temps.

■ L'INCIDENCE DES VENDEURS SUR LA MARQUE

Toutes les marques ne se trouvent pas en libre-service ; dans l'univers de l'habillement, du sport, de l'automobile, du bricolage, entre la marque et le consommateur se place le vendeur. La question se pose de savoir, dans ces conditions, comment se comportent les marques. Sont-elles, comme dans le cas du libre-service, absolues, relatives ou transparentes, ou devons-nous trouver une autre définition pour ces marques qui sont en quelque sorte entre les mains du vendeur ?

Observons, par exemple, ce qui se passe lors d'une vente de pneumatiques. Lorsque le client entre dans le point de vente spécialisé avec sa petite voiture Clio, par exemple, il a bien au moins une idée de marque en tête. Cela provient de la publicité, de ce qu'il entend et voit, mais aussi de la marque d'origine qui chausse sa voiture. Il s'adresse au vendeur qui, bien formé, lui demande avec quelle marque il souhaite équiper son véhicule. Le consommateur qui doit changer ses quatre pneus annonce, par exemple, la marque Michelin. Le vendeur va alors lui poser en toute innocence des questions pour en savoir plus : « Combien de kilomètres faites-vous par an ? », « Quel est l'âge de votre voiture ? » Le client répondra : « Je fais 10 000 kilomètres par an et ma voiture a quatre ans. » Le vendeur, à tous les coups, argumentera : « Ah ! Vous êtes dans la moyenne ! Mais pourquoi prendre une marque si chère ? Regardez, si vous prenez notre marque (Norauto, Eurotyre, etc.), vous avez une garantie de cinq ans. Alors, pourquoi choisir Michelin qui est au moins 20 % plus cher ? Vous êtes sans doute riche ! Dans trois ans, vos pneus vaudront plus que votre voiture ! » Le client, déstabilisé, risque de ne savoir que dire. Le vendeur sentira qu'il peut vendre sa marque et en profitera. Après tout, c'est lui l'expert pneumaticien.

Michelin est une marque qu'il nous faut qualifier de relative. Elle ne résiste pas à l'impact du vendeur. Bien sûr, il y a des clients qui exigeront des pneus Michelin, mais ce sont ceux qui ont des grosses voitures ou qui sont des fidèles à la marque de père en fils. Le fait est qu'ils sont de plus en plus rares. Acheter des pneus n'est pas un plaisir ! Ne pas avoir la même marque que celle de la première monte ne crée pas une grande anxiété. Il n'y a ici ni plaisir ni anxiété. Le vendeur a le champ libre ; il peut détourner le client de ses intentions premières.

Reprenons la scène, mais cette fois imaginons que le client demande des pneus neige ou des pneus pluie. Il a en tête la marque Conti pour la neige avec les pneus tendres, ou Uniroyal pour la pluie. Le vendeur aura beau proposer sa marque, rien n'y fera : le client exigera Conti ou Uniroyal. Cela tient au fait que l'automobiliste entretient avec ces marques, d'une part le plaisir de conduire et de triompher des intempéries et, d'autre part, le souci d'acheter du matériel sérieux et reconnu pour ne pas glisser sur la neige ou subir un aquaplaning. Il ne peut donc pas acheter la marque de distributeur.

Continental pour les gommes tendres et Uniroyal pour les pneus pluie sont des marques absolues. Elles le sont uniquement dans ce cas précis. Il y a cinquante ans, Michelin, Kleber, Goodyear et les autres étaient des marques absolues et ce, parce que beaucoup de pneus éclataient sur la route et que bien des accidents provenaient de la mauvaise qualité des pneus. Les publicités de Michelin et Continental ne cessaient à l'époque d'exacerber les dangers de la route en vue de défendre leur suprématie en termes de qualité. Leur communication était par essence anxiogène. Aujourd'hui, il n'y a plus sur le bord des routes des pneus éclatés et dans les journaux télévisés on ne montre plus les accidents causés par les mauvais pneus. Qui plus est, la communication des marques ne se fait plus à partir de plates-formes anxiogènes comme c'était le cas il y a cinquante ans, mais au contraire à partir d'une série de bénéfices sur la longévité du pneu ou sur les économies qu'il permet de faire.

Dans le cas de l'achat de pneus, la plupart des consommateurs sont loin d'être des experts pneumaticiens. Ils subissent en réalité l'insistance des vendeurs. Si, en revanche, on observe le comportement des motards, on remarque que beaucoup d'entre eux ont une assez bonne connaissance en matière de pneus. Lorsqu'ils vont chez un spécialiste, ils savent clairement ce qu'ils veulent. La raison en est simple ; ils ont une plus grande conscience de ce que représentent l'adhérence à la route, le rôle des pneus dans le freinage, etc. Pour eux, la marque a un sens en termes de plaisir et d'anxiété. On retrouve ce même comportement chez les chauffeurs de taxi en montagne ou chez les camionneurs, surtout lorsqu'ils doivent se déplacer sur des routes enneigées ou dangereuses. C'est avec ces consommateurs-là, conscients du danger, que l'attachement à la marque se fait.

Lorsqu'un consommateur veut acheter un téléviseur, généralement il va d'abord regarder sur Internet les prix, les spécificités techniques de ce qu'il souhaite. Il en parle aussi autour de lui et retient par-ci par-là des conseils. Finalement, il se rend chez un ou plusieurs revendeurs pour voir, toucher, s'approcher du produit et des deux ou trois marques qu'il a sélectionnées. S'il y a des consommateurs qui savent exactement ce qu'ils veulent, une grande majorité d'entre eux sera en attente d'apprendre, au travers du conseil du vendeur, un petit détail, le petit truc qui leur permettra de faire le meilleur choix ou encore de ne pas faire le mauvais choix et de le regretter par la suite. La personnalité du vendeur va ici avoir un rôle prédominant dans le choix de la marque. Si le vendeur impressionne le client, il pourra démolir la marque que le consommateur préfère et vendre celle qu'il veut. Si, au contraire, c'est la personnalité du client qui est la plus forte, le vendeur tentera de semer le doute dans l'esprit de ce dernier pour l'amener délicatement sur la marque qu'il aurait intérêt à vendre. On n'achète pas forcément la même marque que celle que l'on remplace. Les évolutions technologiques sont telles que le consommateur perd ses repères. Ce n'est pas un produit d'achat fréquent, on change son téléviseur tous les cinq ans ! Tout cela fait qu'il n'y a pas grande fidélité aux marques et que rares sont les marques de téléviseurs qui sont des marques absolues. Elles sont le plus souvent considérées comme des marques relatives.

Quelle émotion pour les marques d'enseigne et de service ?

Posons-nous la question : Orange et SFR sont-elles des marques absolues, relatives ou transparentes ? En d'autres termes, tenons-nous absolument à garder notre abonnement « Orange » ou « SFR » parce que nous ressentons un plaisir, une émotion particulière à utiliser tel ou tel de ces fournisseurs ? Sommes-nous prêts à résister à toutes les offres de prix de leurs nombreux concurrents, de peur de ne pas y retrouver ce que nous avions ici, ou sommes-nous finalement fidèles parce que prisonniers de nos habitudes ? Allons-nous chez Jardiland parce que nous croyons que les produits que nous y trouvons sont meilleurs ou moins chers que ceux que l'on trouve chez Truffaut, Botanic, Vive le jardin ? Ou, plus simplement, faisons-nous jouer d'abord la facilité de la proximité pour choisir l'endroit où nous pourrons assouvir notre passion du jardinage ? Enfin, sommes-nous prêts à faire plus de kilomètres pour aller chez E. Leclerc faire nos achats, plutôt que de nous rendre chez Carrefour qui est plus proche de notre domicile ? Toutes ces entreprises de service ou de distribution revendiquent le fait d'être des marques. Elles communiquent sur leur nom et s'inquiètent de leur image, de leur notoriété, de leur perception par le consommateur. Mais quel est ici le sens du concept de marque ?

■ POUR UNE NOUVELLE APPROCHE DES MARQUES D'ENSEIGNE

Peut-on comparer l'émotion ressentie dans un hypermarché où l'on va faire ses courses en fin de semaine à celle ressentie dans une jardinerie ou un magasin de sports ? La réponse est non. Le consommateur se rend principalement dans l'hypermarché pour faire le plein de produits indispensables. Il le fait le plus rapidement possible et en essayant de dépenser le moins possible. Ce n'est pas toujours un vrai plaisir, et c'est bien souvent vécu par les consommatrices pressées et stressées comme une corvée. Tout au contraire, lorsqu'on va dans une jardinerie, un magasin de bricolage, de sports ou d'habillement, c'est généralement pour y trouver puis acheter des produits qui correspondent à une vraie attente émotionnelle. Le sportif est heureux de se procurer la raquette de tennis qui va lui permettre d'avoir un revers plus facile. L'amateur de jardinage s'émeut devant les plantes et les fleurs qui s'étalent à ses pieds dans le magasin. La consommatrice est souvent bouleversée par le coup de cœur qu'elle a pour la petite robe pas chère que lui propose Zara ou pour le petit anorak qu'elle va acheter pour son enfant. Dans ces magasins, l'attente émotionnelle est, par nature et à cause des produits, forte et constamment présente. Le rôle joué par le personnel, les vendeurs, les conseillers ajoute encore à l'émotion, du moins lorsque ces derniers sont professionnels, aimables et gentils.

Ce qui se passe dans notre cerveau lorsque nous sommes dans l'une ou l'autre de ces situations n'a rien de comparable. Pourquoi, alors, utiliser les mêmes termes pour parler de la marque Carrefour, de celles d'Ikea, de Sephora ou des stations Total ? À l'évidence, cela n'est pas tout à fait cohérent. En fait, bien que correspondant à des univers différents, Carrefour, Jardiland, Décathlon, Marionnaud sont toutes des marques, au sens où ce sont des repères pour l'usager ou le consommateur. La question est de savoir si l'on peut trouver une façon simple d'identifier et de qualifier ces marques au travers des émotions que ressent le consommateur lorsqu'il les choisit et les utilise ? Pour tenter de répondre à cette question, il convient de détecter les émotions du consommateur lorsqu'il choisit d'aller dans un magasin pour faire des achats d'obligation (station-service, supermarché) et lorsqu'il s'y rend pour des achats plaisir (jardinage, vêtements, parfums).

■ L'EXEMPLE DES CENTRES DISTRIBUTEURS E. LECLERC

Reportons-nous aux années 1970, 1980. L'inflation, à cette époque, était de l'ordre de 12 %. Cela impliquait que les classes moyennes et les ouvriers aient du mal à boucler leur fin de mois. Mais là ne s'arrêtait pas leur frustration. À cause de l'inflation et du manque de pouvoir d'achat, ils ne pouvaient bénéficier de tous ces nouveaux produits d'équipement de la maison qui arrivaient sur le marché et qui leur faisaient tant envie.

Un distributeur, Édouard Leclerc, moins connu alors qu'il ne l'est aujourd'hui, prit fait et cause contre cette inflation qui rongeait le budget des familles. Il dénonça simultanément deux ennemis : ceux qui faisaient l'inflation et ceux qui en profitaient, à savoir les industriels d'un côté et, de l'autre, ses concurrents Mammouth, Casino, Carrefour, qui parlaient de façon classique de prix, de choix, de qualité, mais jamais de pouvoir d'achat. Sa communication fut digne, dans son ton et dans son expression, des meilleures pages du Parti communiste ou de la propagande des syndicats d'obédience marxiste. Mais au-delà de ce langage il y avait du fond.

En 1960, la circulaire Fontanet modifia la législation sur le refus de vente et E. Leclerc gagna ses premiers procès contre les marques qui le boycottaient. Cette enseigne combattait pour le consommateur et ce dernier le lui rendait bien. Hier, les marques refusaient de s'installer dans ses magasins, aujourd'hui il les vendait à prix cassé ! Le public acquiesça. Le chiffre d'affaires au mètre carré des magasins à cette enseigne pulvérisa celui de ses concurrents. En 1973, Édouard Leclerc combattit le texte de la loi Royer, qui allait être le premier d'une longue série limitant l'expansion des grandes surfaces. En 1979, le mouvement créera la Siplec afin de pouvoir vendre l'essence moins chère...

Lorsqu'en 1981 Jack Lang accède au ministère de la Culture, il impose le livre à prix unique. E. Leclerc veut démocratiser la lecture et outrepasse la loi avec des prix 20 % moins chers. Quatre ans plus tard, il est le deuxième libraire de France. E. Leclerc veut rendre accessible à tous l'or en 1986. Aujourd'hui, 200 enseignes « Le Manège à Bijoux » distribuent les créations d'artisans français à des prix 40 % moins chers qu'en bijouterie traditionnelle. Pendant toutes ces années, les centres E. Leclerc furent les défenseurs du consommateur. Ils apportaient tous les jours la preuve de leur combat contre la vie chère et l'inflation.

COMMENT CLASSER LA MARQUE E. LECLERC D'HIER ET D'AUJOURD'HUI ?

Avant de développer une nouvelle approche des marques, il paraît intéressant d'observer ce qui a fait dans les années 1970 la force de la marque des centres distributeurs E. Leclerc et ce qu'il en reste aujourd'hui.

La marque E. Leclerc ne rentre à l'évidence pas dans le cadre de la définition des marques « absolues » pas plus que dans celle des « relatives » ou « transparentes ». Ce qui a été défini précédemment sur les marques de produits ne s'applique pas ici. Le consommateur ne consomme pas « du Leclerc », même s'il achète parfois des marques au nom de ce distributeur (ici les Produits Repères). La marque E. Leclerc est une marque d'un autre type. Elle constitue, certes, un repère pour le consommateur, mais c'est surtout un repère émotionnel. C'est l'émotion que procure cette marque au travers de la cause qu'elle prétend défendre qui fait sa spécificité. Bien évidemment, le Centre E. Leclerc doit offrir à ses clients des prix, un choix de produits, au même titre que ses concurrents. Mais ce qui fait que cette enseigne n'est pas comparable aux autres, c'est qu'elle prend parti contre ceux qui pénalisent le consommateur et qu'elle agit au travers de ses actions pour le libérer.

On se trouve ici dans la même configuration émotionnelle que lorsqu'un citoyen ressent le besoin de s'engager vis-à-vis d'une cause, d'un parti ou de la patrie pour participer au combat dans le but de garantir sa liberté, son bonheur et celui de ceux qu'il aime. Pourquoi le consommateur se sent-il concerné par le combat de l'enseigne ? Tout d'abord, il est reconnaissant envers E. Leclerc ; personne ne s'occupe de ses problèmes, excepté lui. Ensuite, comme tous ceux qui se sentent injustement sanctionnés, il ressent au fond de lui-même de la haine, un désir de vengeance et la volonté de voir les méchants, les profiteurs, punis.

La haine est la cristallisation de divers instincts de protection, de destruction de l'autre et de vengeance. À l'université de Zurich, le neurologue Dominique de Quervain et son équipe ont constaté que c'est la zone du cerveau nommée « noyau codé » qui s'active lorsqu'on se sent victime d'une injustice. La dopamine qui circule dans cette zone est associée au plaisir (elle est libérée lors de l'acte sexuel). Ainsi se venger, haïr, serait un plaisir.

Observons l'expérimentation suivante. Deux joueurs A et B peuvent réagir l'un sur l'autre sous couvert d'anonymat. Chaque joueur reçoit 10 euros. Ils peuvent améliorer ces sommes si A a confiance en B, et si B répond de manière honnête. A prend la première décision ; il peut envoyer ses 10 euros à B ou garder son argent. Si A a confiance en B, il lui envoie ses 10 euros. L'expérimentateur quadruple l'argent envoyé par A, ce qui fait que B reçoit 40 euros.

À ce moment de l'expérience, B a gagné 50 euros et A n'a plus rien. B a le choix de ne rien envoyer à A ou de lui envoyer la moitié de ce qu'il a en sa possession. Si B est fair-play, A et B

•••

● ● ●

se retrouvent chacun avec 25 euros. Si B n'est pas un bon camarade et garde la monnaie, A interprète cela comme une violation, une injustice et ressent le désir de punir B. A reçoit alors l'option de ne rien faire ou de punir B. Après que A ait été informé de la mauvaise conduite de B, il a une minute pour décider s'il veut ou non punir B, et de quelle façon il souhaite le faire. Pour comprendre ce qui se passe dans le cerveau de A, on met le joueur dans un scanner. On constate alors que certaines zones de son cerveau sont activées et qu'apparaît la satisfaction de pouvoir punir.

Ainsi, les clients d'E. Leclerc se sentent heureux parce que ce dernier dénonce et punit les fabricants et leurs alliés, les autres distributeurs. Cette punition leur profite à double titre ; ils peuvent acheter des produits de marque moins chère et, dans le même temps, savourer le fait qu'enfin justice leur soit faite. Cette satisfaction ne va pas être seulement individuelle et momentanée. Elle va en réalité participer à cimenter une véritable communauté de clients. E. Leclerc ne parle pas à des individus différents ; il parle à des gens qui partagent, à des degrés différents, le même affect.

Cette notion de communauté est ici primordiale. Puisque ces clients ont un même affect et se sentent de la même façon concernés, ils vont eux aussi vouloir participer au combat. Ils vont de ce fait devenir prosélytes, et convaincre leurs amis et familiers de participer avec eux au combat de l'enseigne pour en finir avec les profiteurs. Sans le savoir E. Leclerc, dans ces années-là, invente le buzz marketing.

L'ÉVOLUTION DE LA MARQUE E. LECLERC

Ce qui a fait la force de cette marque à partir des années 1970 peut se résumer de la façon suivante :

1. E. Leclerc a défini son combat à partir des vrais problèmes que rencontrait le consommateur eu égard à l'inflation insupportable de l'époque.

2. En livrant bataille à l'État, à ses concurrents et aux fabricants chaque fois que nécessaire, E. Leclerc a nourri son combat. Il l'a rendu véridique et profitable pour ses clients.

3. Jour après jour, l'enseigne a dénoncé les pratiques de ses ennemis, ajoutant ainsi de la crédibilité à son combat.

4. La communication utilisée était de style propagande.

5. Une communauté de clients s'est ainsi créée, favorisant le bouche-à-oreille.

■ CE QUI DÉFINIT LA MARQUE « COMBAT »

Aujourd'hui les choses ont changé. L'inflation n'est plus de même amplitude et le combat contre les fabricants et autres concurrents n'intéresse pas outre mesure les consommateurs. E. Leclerc conserve une bonne image prix à leurs yeux et reste sans doute, pour beaucoup d'entre eux, le moins cher en France. Ce faisant, la cause qui a fait sa force s'est délitée dans l'actualité économique et le discours global quotidien des grandes surfaces alimentaires. Dans les années 1990-2000, consciente de tout cela, l'enseigne a voulu relancer le combat, trouver une nouvelle cause en s'attaquant aux bien durables, à l'écologie. Elle a alors imposé des sacs de caisse biodégradables et payants et s'est refusée à donner gratuitement des sacs polluants. Mais le consommateur n'a pas suivi E. Leclerc dans ce combat. Pour preuve, il a fallu à tous les magasins de l'enseigne lancer des opérations de promotion de même nature que celles de leurs concurrents pour garder leurs parts de marché.

Il est intéressant de comprendre pourquoi l'écologie, la pollution, la lutte pour les biens durables n'a pas donné les mêmes effets que le combat contre l'inflation. Tout d'abord, dans ce combat, l'ennemi n'est pas clairement désigné. C'est à la fois les autres, nous-mêmes, le monde, les Américains, les Chinois, etc. On ne peut donc pas trouver immédiatement un bouc émissaire, et par là même prouver qu'on va terrasser le dragon. Ensuite, ce combat n'apporte pas de solutions immédiates, tangibles, directement liées au cerveau reptilien des consommateurs, c'est-à-dire à ses besoins primaires. L'écologie est un problème, mais il n'est pas, du moins pour l'instant, central pour le quotidien du consommateur. On ne vit pas mieux aujourd'hui parce que le sac avec lequel on fait ses courses est biodégradable. Enfin, il n'y a pas de création d'une communauté spécifique à l'enseigne. Il y a des citoyens concernés par l'écologie, le réchauffement de la planète, mais ils sont aussi bien chez Carrefour que chez Auchan, pour ne citer que les enseignes alimentaires. Ainsi, E. Leclerc n'est plus l'expression d'une cause qui fait vibrer le consommateur, qui provoque en lui une série d'émotions et le fait acheter là plutôt qu'ailleurs.

SES CONSTITUANTS

L'exemple de E. Leclerc a été choisi parce qu'il permet de comprendre sur un cas réel quels sont les critères et facteurs qui constituent et définissent une vraie marque « combat » pour une enseigne, c'est-à-dire une marque qui crée une différence non pas par ses produits, ses services, ses prix, son choix, ses promotions, mais bien par un état d'esprit, une relation émotionnelle unique avec le consommateur. Il faut savoir que le consommateur, s'il en a la possibilité, va toujours choisir cette enseigne « combat » en première intention. S'il n'a pas le choix et doit acheter ailleurs pour différentes raisons (éloignement, absence de point de vente dans la zone), il se sentira frustré. Il regrettera de ne pouvoir acheter là où il se sent compris et défendu.

Bien évidemment, la cause ne se décrète pas comme cela. Ce n'est pas un exercice créatif demandé à des publicitaires. La cause est définie par le bon vouloir des entrepreneurs. C'est généralement leur propre combat, la vision de leur existence, de leur raison d'être de distributeur. Une cause qui ne serait pas portée par cette vision n'aurait aucune chance d'intéresser le consommateur. La cause, outre le fait d'être authentiquement l'expression d'une émotion des dirigeants au plus haut niveau d'une enseigne, doit :

- être l'expression de la volonté de l'enseigne de s'engager pour défendre le consommateur contre des ennemis bien définis ;
- être altruiste. Elle s'appuie sur une frustration ou une contrainte directe, ou encore sur une contradiction vécue par le consommateur ;
- répondre aux exigences légitimes d'un certain public familier de l'enseigne. La cause est liée à ce qu'il est convenu d'appeler « l'ordre social », lequel se définit à partir des forces antagonistes présentes à un moment donné et qui concourent à créer une situation oppressante pour le consommateur ;
- faire en sorte que le consommateur se reconnaisse en elle. Elle doit l'impliquer et le concerner dans sa problématique quotidienne. Ce faisant, la cause crée une communauté de clients ;
- participer, au travers de son déroulement, à instaurer auprès du personnel (caissières, personnel d'accueil, préposés aux entrepôts) une fierté d'appartenance. Cette dernière se traduit par une volonté relationnelle positive de tout le personnel.

SES AVANTAGES

Lorsqu'un distributeur s'appuie pour ses actions stratégiques et tactiques sur une marque « combat », il bénéficie d'avantages différentiels notoires par rapport à ses concurrents qui, eux, s'appuient sur des marques qui prônent seulement la qualité, le choix qu'ils proposent, le prix bas et l'excellence de leur service, mais ne prennent pas parti pour une situation ou des contraintes qui accablent ou frustrent le consommateur. Ces marques comme Casino, Atlas, M. Bricolage, que l'on peut qualifier de marque « plus », doivent jour après jour faire des offres promotionnelles de plus en plus alléchantes pour « créer du trafic ». La marque « combat », elle, crée naturellement du trafic, par le simple fait que tout ou partie du public adhère à sa cause.

Un bon exemple de cette propriété nous est donné par la chaîne de parfumerie Sephora. Dans les années 1999-2000, Sephora était encore une marque « combat ». Le combat de l'enseigne visait à libérer les femmes de la pression marketing que leur imposaient les parfumeries traditionnelles ou les différentes chaînes opérant sur le marché. Sephora dénonçait le fait que les vendeuses de ces magasins, sur ordre de leur direction, faisaient pression pour vendre des marques ou des produits qui parfois ne se justifiaient pas. Pour définir leur cause, les responsables de l'enseigne avaient remarqué que de nombreuses femmes se sentaient frustrées de se voir quasiment obligées d'acheter des crèmes antirides, des laits démaquillants et de ne pouvoir repousser le *pushing* des vendeuses, sous peine de passer pour une demeurée ou une cliente sans moyens. La cause défendue par l'enseigne était alors simple : il fallait libérer par tous les moyens la femme des contraintes marketing imposées par les marques de parfums, celles des produits de maquillage et de beauté et par ceux qui voulaient à tout prix améliorer leurs marges bénéficiaires sur le dos de ces consommatrices. Pour donner corps à cette cause, l'enseigne supprima les cartes de fidélité, les têtes de gondoles, le merchandising des parfums en rangeant les marques par ordre alphabétique, et non en fonction de la marge qu'elles laissaient. De la même façon, les vendeuses se transformèrent uniquement en conseillères. Il leur fut interdit de pousser un produit ou une marque. Elles pouvaient seulement renseigner la cliente. Enfin, les clientes étaient libres de toucher, d'essayer les produits et même de ne pas acheter. Ce combat trouva vite un écho favorable auprès des clientes. En peu de temps, les magasins Sephora pulvérisèrent les scores d'entrée en magasin, et tout cela sans faire de publicité dans les grands médias, sans faire de promotions ni d'offres spectaculaires. Pendant ce temps, les marques de « notoriété » aggravaient leurs résultats financiers en multipliant offres, cadeaux et promotions.

Mais là ne s'arrêtent pas les avantages de la marque d'enseigne « combat ». Dans les magasins de vêtements Zara comme dans leurs filiales (Massimo Dutti, Pull and Bear, Stradivarius, Bershka, Oysho) la cause est claire : il faut « *démocratiser les vêtements de luxe en s'en inspirant largement, afin de créer des modèles qui seront vendus moitié moins cher que les originaux* ». En d'autres termes, il faut savoir copier la mode au bon moment. Zara, par ses collections qui passent et ne reviennent pas, par ses produits ultra-réactifs aux micro-tendances et aux fluctuations du thermomètre, réussit à fidéliser la nature volage des femmes qui adorent la mode. Ainsi, l'enseigne bénéficie naturellement et sans effort de la fidélité de ses clientes. Au même moment, les marques d'enseigne « plus » doivent dépenser des sommes colossales dans des campagnes coûteuses et des opérations de CRM pour fidéliser leurs clients, au risque de les agacer par un marketing agressif.

Dov Charney, propriétaire de la chaîne American Apparel, démarre dans les années 1980 avec une idée simple : faire du tee-shirt un produit saillant et de qualité, et appliquer les idées de Paul Hawken qui veut que « *le but ultime du commerce ne soit pas ou ne doive pas être simplement de faire de l'argent, mais d'améliorer le bien-être général de l'humanité à travers des services, l'invention créatrice et la déontologie* ».

> Paul Hawken, au travers de ses six derniers livres – *The Next Economy*, *Growing a Business*, *The Economy of Commerce*, *The Ecology of Commerce*, *Natural Capitalism* et *Blessed Unrest* – a été considéré par le président Bill Clinton et par différentes universités comme l'un des auteurs les plus importants dans le monde aujourd'hui. Hawken défend une autre façon de faire le capitalisme en préservant l'homme et l'environnement.

Bien qu'il ait l'impression d'aller à contre-courant, Dov Charney va tenter de vivre le capitalisme différemment : ses tee-shirts sont des tee-shirts équitables. En effet, il fait produire toutes les collections d'American Apparel dans ses ateliers de Californie. Il ne délocalise rien. Grâce à l'implantation de ses usines à Los Angeles, il fait vivre toute une partie de la population. Il paye correctement ses ouvriers, plus que le minimum syndical, car pour lui, si ses ouvriers sont heureux au travail, l'entreprise ne s'en portera que mieux. Il leur offre des cours d'anglais gratuits afin que les immigrés puissent s'intégrer au mieux. Les enjeux environnementaux le préoccupent, de telle sorte que tous ses tee-shirts sont désormais réalisés en coton 100 % biologique et que les chutes de tissus récupérées dans les ateliers sont entièrement recyclées. Les catalogues de la marque n'utilisent aucun mannequin professionnel, il leur préfère la diversité cosmopolite de la jeunesse actuelle. En offrant un parcours où « tout est possible » à ses employés – qui du statut d'immigrés clandestins accèdent au poste de chef de boutique – Dov Charney a fait de son entreprise une petite bulle commerciale à vocation internationale et branchée, tout en restant un idéaliste convaincu. En affichant une croissance importante, rapide et dynamique, il prouve à la face du monde que les délocalisations, les salaires de misère et les conditions de travail détestables ne sont pas le pendant inévitable de la réussite d'une entreprise. American Apparel est ainsi devenu en 12 ans le plus gros fabricant textile des USA.

Ce discours, cette éthique font mouche. Les Américains sont touchés par cette prise de position à contre-pied des *sweatshops* (ateliers de misère utilisés par certains grands labels pour faire produire à moindre coût leur marchandise). Ils adhèrent et font des tee-shirts American Apparel un élément incontournable de leur garde-robe. Ce faisant, Dov a rendu des femmes et des hommes heureux. Nul n'est besoin à American Apparel de dépenser des sommes énormes pour motiver son personnel soit dans les magasins soit aux entrepôts ou à la fabrication. Cette marque « combat » bénéficie d'un climat que bien des concurrents de marques de « notoriété » lui envient.

Toutes les enseignes ne peuvent être des marques « combat » ; soit elles ne le veulent pas, soit elles ne le peuvent pas, soit encore elles n'ont pas découvert quelle pourrait être la cause qui intéresse-

Chapitre 3 I Quelle émotion pour les marques d'enseigne et de service ?

91

rait leurs clients. Elles sont des marques d'enseigne de « notoriété », ce qui ne veut en aucune façon dire qu'elles sont des sous-marques. En revanche, il est clair qu'elles doivent utiliser d'autres moyens pour attirer le consommateur.

■ LES MARQUES D'ENSEIGNE « PLUS »

Imaginons un consommateur qui veut acheter des arbustes, des plantes d'appartement, des engrais, c'est-à-dire faire des achats plaisir, au moment où le printemps arrive. Ce consommateur aime le jardinage. Autour de chez lui, il y a plusieurs enseignes de grandes surfaces spécialisées. Il les connaît toutes ; les unes sont très proches, les autres sont plus lointaines, mais cependant facilement accessibles. Il a au moins acheté une ou plusieurs fois dans chacune d'elles. Aucune de ces enseignes n'est une marque « combat » ; elles sont toutes des marques « plus ». La question se pose de savoir quels sont les facteurs de marque qui vont définir quelle grande surface de jardinage il va choisir de visiter en premier. Il est évident que la première enseigne visitée aura plus de chance de vendre ce que cherche ce consommateur si, bien entendu, elle propose les produits, les prix et le service qu'il recherche. Comment va-t-il procéder pour classer ces grandes surfaces et, finalement, se décider à aller en voir une avant toutes les autres ?

Depuis des années qu'il fait du jardinage, le cerveau de ce consommateur s'est chargé d'une série d'images émotionnelles. Elles proviennent de ses visites à ces enseignes, des discussions qu'il a eues avec des voisins, des revues qu'il a lues, des sites Internet qu'il a consultés. Une carte mentale s'est donc dessinée dans son esprit. À l'encontre de ce que l'on pourrait imaginer, elle ne s'est pas élaborée à partir des points positifs des enseignes visitées, mais à partir de leurs points négatifs. En effet, le cerveau humain est fait de telle sorte que nous sommes plus intéressés par ce qui ne fonctionne pas que par ce qui fonctionne. Cela explique pourquoi on ne parle jamais des trains qui arrivent à l'heure...

Le consommateur va donc enregistrer au cours du temps ce à côté de quoi il risque de passer en choisissant en premier telle enseigne parmi celles qui s'offrent à lui ; il risque de perdre du temps, d'être confronté à un manque de choix, de mauvais conseillers, de ne pas bénéficier de bonnes promotions, etc. Toutes les marques qui ne sont pas de « combat » et qui se trouvent être des marques « plus » tentent de se différencier en s'appliquant à donner une image la plus positive possible de leur enseigne. Cela s'explique, mais reste pour autant une erreur. Une marque d'enseigne de « notoriété » ne doit pas se centrer sur ses plus ; elle doit obligatoirement faire comprendre au consommateur qu'il ne risque pas d'avoir des « moins » en la choisissant.

■ LES ÉLÉMENTS STRATÉGIQUES DE LA MARQUE DE « NOTORIÉTÉ »

Aujourd'hui, la plupart des enseignes d'hypermarchés, de super-marchés, de magasins de meubles, de textile, de bricolage s'appuyant sur une marque d'enseigne de type « plus » sont toutes stratégiquement centrées sur le problème de la fidélisation de leurs clients. Elles ont pris pour principe qu'il était plus rentable de conserver ses clients, plutôt que d'aller en chercher de nouveaux. Pour ce faire, elles utilisent différents moyens comme les cartes de fidélité, les actions dites de CRM, etc. Si l'on prend pour base de réflexion le point de vue d'Amos Tversky, qui veut que le cerveau humain soit plus préoccupé par ce qu'il perd que par ce qu'il gagne, on observe que toutes ces enseignes ne sont pas sur un même pied d'égalité en matière de fidélisation. Cela tient essentiellement au facteur « fréquence d'achat » des points de vente.

Lorsque le consommateur achète un matelas, il se décide tous les huit à dix ans. Lorsqu'il achète un canapé ou une nouvelle cuisine, il se met en recherche tous les trois, quatre ou cinq ans. Lorsqu'il doit faire ses courses alimentaires, il les fait une fois par jour, voire une

Chapitre 3 I Quelle émotion pour les marques d'enseigne et de service ?

93

fois par semaine. Pour les achats qui se font tous les trois, cinq ou huit ans, le consommateur a besoin impérativement de faire le tour des magasins de sa ville pour être certain non pas de trouver le meilleur, mais bien de ne pas perdre « quelque chose » en choisissant trop vite l'un des magasins qui s'offre à lui. Cela explique pourquoi les consommateurs font toujours le tour des points de vente. Plus le produit à acheter sera impliquant, c'est-à-dire ne supportera pas l'erreur, plus ils prendront le temps et seront prudents avant de se décider. On observe que dans la carte mentale du futur client s'est inscrite une liste de magasins qu'il veut absolument visiter.

La communication sur la marque d'enseigne « plus » vise donc, dans un premier temps, à faire en sorte que le point de vente soit sélectionné et se trouve en première ou seconde position lors de la démarche de recherche du consommateur. Dans un second temps, elle vise à rassurer le futur client sur le fait qu'il ne trouvera pas mieux ailleurs. On peut se demander quels sont le sens et la portée de la stratégie de fidélisation dans ces cas précis.

Dans les magasins où les fréquences d'achat sont de l'ordre de la journée ou de la semaine – comme les supermarchés, les pharmacies, les stations-service de ville – le consommateur s'est fait au cours du temps une idée de ce qu'il veut et de là où il prend le moins de risque de manquer ce qu'il cherche. Sa fidélité est donc acquise de fait.

Les grandes surfaces alimentaires, du moins en France, ont l'habitude d'utiliser des dépliants ou encore des catalogues de vente qui sont distribués *larga manu* dans les boîtes aux lettres. Souvent, la question se pose de mesurer leur utilité (quand on sait que finalement les variations de visites de la clientèle accusent peu de changement d'un point de vente à l'autre). En réalité, ces dépliants n'ont pas pour mission de créer du trafic de clientèle, mais de faire en sorte de rassurer le

• • •

•••

client fidèle. Grâce aux offres qui sont présentées dans le document, le client est convaincu que s'il change de point de vente, il passera à côté de quelque chose. C'est l'application directe du phénomène mis en évidence par Amos Tversky.

La communication d'une marque d'enseigne de « notoriété » n'est donc pas simple. Il faut, en effet :

- rassurer le client en lui prouvant qu'il peut choisir cette enseigne, puisqu'il est assuré de ne passer à côté de rien de ce que les autres pourraient lui offrir ;
- convaincre le client qu'en allant ailleurs il perdra quelque chose.

Il va de soi que la publicité comparative est probablement l'un des moyens les plus efficaces pour faire passer ce type de message.

En 1987, lorsque les premiers hard discounters firent leur apparition en France, peu de spécialistes imaginaient que ce format de magasins allait devenir si important. Pour les traditionalistes du marketing, ces magasins étaient trop rustiques pour plaire à une clientèle française habituée aux points de vente hypermarché et supermarchés respirant la joie, la lumière, le choix, l'abondance. De fait le public, toutes catégories sociales confondues, a très vite adopté ce type de point de vente, et ce pour deux raisons. Tout d'abord, comme ces points de vente, par leur structure d'offre très limitée, ne proposaient pas de choix, mais simplement quelques marques de distribution par famille de produit, il était plus simple de faire ses courses ; on ne perdait pas de temps et surtout on n'avait pas de question à se poser pour savoir quoi prendre. Ensuite, comme le modèle économique de ces points de vente repose sur la rotation des produits, on trouvait au maximum 1 000 références, alors que dans un supermarché classique on en compte au minimum 3 000. Le consommateur ne pouvait donc

•••

• • •

pas faire toutes ses courses dans ces hard discounts. Il était obligé de fréquenter les super ou hypermarchés. En économisant dans le cadre de ses achats dans les hard discounts, le client voyait là une possibilité d'acheter quand même en hyper et super des produits qu'il n'aurait jamais pu s'offrir faute d'argent. Le hard discount lui permettait donc de ne passer à côté de rien et par là même d'éviter une frustration supplémentaire.

■ LES MARQUES DE SERVICE

Lorsque nous réglons notre note d'électricité ou de gaz à EDF ou GDF, lorsque nous achetons un billet de TGV, avons-nous la même perception de la marque que lorsque nous nous acquittons de notre forfait de connexion Internet chez l'un des FAI (fournisseurs d'accès à Internet) du marché, ou lorsque nous choisissons telle ou telle société de location de voitures, telle ou telle compagnie d'assurances ou organisme bancaire ? La réponse ne peut être positive qu'à la condition que l'on éprouve les mêmes émotions. Dans le cas d'EDF, GDF et SNCF, nous n'avons pas le choix. Ce sont des organismes qui semblent performants, mais avons-nous à l'esprit qu'il y ait une qualité particulière d'électricité propre à EDF ? Pensons-nous avec émotion au plaisir d'avoir un 220 volts bien français ? Sommes-nous fiers de notre électricité provenant à 60 % de nos centrales nucléaires ? À moins d'être un patriote, à l'évidence la réponse est non.

Lorsque nous sommes à l'étranger, avouons-le, nous sommes flattés d'appartenir au pays qui a inventé le TGV. Mais lorsque nous sommes dans notre TER bondé pour aller à notre travail, que nous apporte le nouveau logo de la compagnie qui nous transporte quand elle le veut bien ? Là encore, nous n'avons pas le choix. Face à ces compagnies, nous sommes des consommateurs objets. Nous dépendons de leur bon vouloir. La notion de marque est, semble-t-il ici, parfaitement usurpée. En aucune façon EDF, GDF ou la SNCF ne peuvent être considérées à l'égal des marques commerciales soit de produit, soit d'enseigne ou de service. Cela tient au fait que ces logos ne produisent pas d'émotion permettant au consommateur de faire un choix, de prendre une décision propre à augmenter leurs ventes. Lorsqu'on avance ce point de vue, nombreux sont ceux qui s'y opposent, rétorquant que la marque EDF permet de choisir le chauffage électrique contre celui au gaz ou au fioul. De même, ils avancent que la marque SNCF permet de choisir le TGV contre l'avion. C'est indéniablement vrai, mais pour autant il faudrait, afin qu'EDF, GDF et SNCF soient considérées comme des marques, que le consommateur ait le choix entre plusieurs distributeurs d'énergie ou entre de nombreuses sociétés ferroviaires. Et ce n'est pas encore le cas aujourd'hui en France.

Comment définir alors ces initiales si on ne peut les classer comme des marques ? De fait, ces initiales constituent des marques « intemporelles » qui se reconnaissent au travers d'un contenu d'images, voire d'une notoriété. Ces marques « logo » ne produisent ni des émotions de type « combat » ni des émotions comparables à celles que l'on éprouve face au choix d'une enseigne « plus ».

> Il est probable que lorsqu'EDF veut conquérir des marchés extérieurs en Chine ou en Inde, ce méta-logo soit comparable à une marque en regard de ses concurrents. Mais c'est un cas limite.

Dans le cas des prestataires de services comme les FAI, les loueurs de voitures, les banques ou les compagnies d'assurances, le problème est totalement différent. Ici, on a bien affaire à des marques puisque les émotions ressenties par le consommateur vont

Chapitre 3 I Quelle émotion pour les marques d'enseigne et de service ?

97

le conduire à faire des choix entre plusieurs concurrents, à résilier ses contrats ou à conserver ceux dont il est satisfait.

LES MARQUES FREE ET WANADOO

Le fournisseur d'accès à Internet Free (en France) doit certainement son succès au combat qu'il a mené à son lancement contre France Télécom et sa marque Wanadoo. Malgré les imperfections de son système, les déboires rencontrés par ses utilisateurs lors de son lancement, Free a réussi non seulement à garder ses parts de marché, mais à faire en sorte que ses clients s'organisent en vraie communauté, se dépannent entre eux et créent un buzz marketing favorisant de nouveaux contrats. Free a de fait lancé un vrai combat de libération des internautes du joug de France Télécom. L'entreprise a dénoncé l'abonnement obligatoire que fait payer France Télécom à chacun de ses abonnés au téléphone ainsi que ses tarifs. Free a en outre montré que grâce au dégroupage de ligne, on pouvait avoir le téléphone, la télévision et Internet (triple play) pour beaucoup moins cher, et surtout éviter de payer un abonnement considéré comme un impôt injuste. Free apparaît bien ici comme une marque « combat ». Ses clients ont ressenti les mêmes émotions que celles vécues dans le cadre des points de vente E. Leclerc. Ce qui a été décrit pour E. Leclerc et Zara se retrouve à l'identique dans cet exemple. En matière de service, il semble donc bien y avoir, comme pour les enseignes, des marques « combat ».

Si Free a su conquérir rapidement une part non négligeable du marché français, son concurrent Wanadoo (aujourd'hui Orange) a su pendant ce temps, à l'encontre de ce que l'on pouvait imaginer, conserver ses parts de marché. Mieux, de nombreux clients de Wanadoo qui avaient été voir ailleurs sont vite revenus après quelques déboires chez Free ou chez d'autres FAI. Ce qui explique les bons scores de Wanadoo, alors leader du marché, c'est la force de sa marque. Cette marque n'est pas une marque « combat » comme celle de Free. C'est typiquement une marque de « notoriété ». Les clients de Wanadoo sont restés fidèles à leur FAI parce qu'ils étaient tous des clients démunis et anxieux face à l'utilisation d'Internet. Alors que les clients de Free n'avaient pas peur de se dépanner entre eux, voire tout seuls, ceux de Wanadoo qui n'y entendaient rien, étaient terrorisés par les incidents fréquents causés par Internet. Ils préféraient payer plus cher pour être certains que cela fonctionne. Ce ne sont pas les « plus » de l'offre Wanadoo qui créaient la fidélité, mais bien les « moins » occasionnés par le système Internet et la garantie de dépannage de Wanadoo.

Ainsi, en matière de service, on retrouve les mêmes types de marque que dans le cas des enseignes.

Chapitre 4

Le paradoxe du choix et le paradigme de la rupture

Il est un dogme sur lequel il serait *a priori* difficile de revenir aujourd'hui, à savoir celui qui veut que la liberté individuelle sans limite vers laquelle chacun de nous tend soit source de notre satisfaction et de notre bonheur. Le modèle de notre monde occidental, qui se qualifie de « développé », repose sur l'idée que l'homme libre est heureux puisqu'il peut faire les choix qu'il veut. Ainsi, le choix de se marier, de divorcer, de travailler, de prendre une année sabbatique, de consommer le produit ou la marque désirée serait la base de la phénoménologie émotionnelle positive de notre plaisir et de notre bonheur. *A contrario*, ne pas avoir de choix serait source de morosité, de tristesse et d'un certain mal de vivre que nos anciens et leur civilisation du non-choix auraient connu.

Le corollaire évident de ce dogme est qu'il faut par tous les moyens donner le plus possible de choix aux individus pour qu'ils puissent être satisfaits. Le marketing, en s'intéressant aux besoins du consommateur, n'a fait qu'alimenter ce dogme en mettant à sa disposition des milliers de marques de yaourts, d'assaisonnement de salade, d'huiles d'olives, de PC, de voitures, de couches pour bébés, de livres, etc.

■ LE CHOIX REND-IL VRAIMENT HEUREUX ?

Barry Schwartz, professeur de psychologie sociale à l'université de Pennsylvanie, souligne dans son livre *The Paradox of Choice* que la plupart des experts en science sociale qui ont évalué le degré de bien-être des consommateurs américains au fil des trente dernières années ont constaté que le niveau de satisfaction avait baissé significativement au moment où l'offre s'était diversifiée. Il défend ainsi l'idée que plus il y a de choix, plus le consommateur est souvent désappointé, triste et finalement malheureux. Il récuse par là le dogme qui anime nos sociétés occidentales et qui veut que notre liberté de choisir et de choisir encore soit la source de notre bonheur. Il démontre au contraire que le fait de choisir nous amène plus de problèmes que de satisfaction.

D'où provient cet état ? Pour les psychologues Amos Tversky de l'université de Stanford et Daniel Ahneman de l'université de Princeton, ce sont là des états d'âme naturels. Ces chercheurs ont montré en effet que le cerveau humain est plus sensible aux pertes qu'aux gains. Quand on doit choisir entre A, B et C, on ne retire pas forcément une grande satisfaction à avoir choisi A, mais plus sûrement une frustration liée à l'idée que si nous avions choisi B ou C, nous aurions peut-être eu plus de satisfaction. En d'autres termes, lorsqu'on opte pour A, on se pose immédiatement la question de savoir à côté de quoi nous sommes passés en ne choisissant pas B et C.

Si la première chaîne de télévision diffuse un film que vous désirez voir, mais qu'à la même heure il y a sur les autres chaînes un feuilleton et un reportage qu'il vous faut absolument voir, vous allez passer votre temps à zapper d'une chaîne à l'autre. Vous pesterez contre les programmateurs qui se sont arrangés pour avoir trois sujets intéressants le même soir, alors que la veille ils ne diffusaient que des banalités abrutissantes. Vous aurez passé finalement une mauvaise soirée, accaparé à ne savoir que choisir. Votre épouse ou vos enfants vous en voudront à leur tour de leur avoir fait « subir » le film, le feuilleton et le reportage en pointillé. Le choix n'aura pas fait de vous un homme heureux, pas plus que votre entourage.

Vous hésiterez sans doute un bon bout de temps lorsqu'il vous faudra remplacer votre vieux barbecue et choisir entre un classique à charbon ou un tout nouveau à pierres de lave, ou encore un électrique télécommandé. Mais votre frustration sera totale lorsque, ayant choisi les pierres de lave, vous constaterez que vous ne retrouvez pas ce goût incomparable que vous obteniez avant avec celui qui fonctionnait au charbon de bois.

Décrivons l'expérience que firent Amos Tversky et Daniel Ahneman pour souligner ce réflexe. Ils distribuèrent à des volontaires une somme de 50 dollars, puis ils annoncèrent à la moitié d'entre eux qu'ils garderaient 20 dollars et aux autres qu'ils en perdraient 30 (ce qui revient au même). Ceux à qui l'on dit qu'ils garderaient 20 dollars furent satisfaits car la situation était décrite en termes de gains, mais les seconds furent insatisfaits car la situation était formulée en termes de perte. Cette expérience souligne bien le fait que nous sommes plus sensibles à la perte qu'aux gains. Faire un choix, d'après ces deux chercheurs, ça n'est pas comme on l'imagine avoir mieux, être pleinement satisfait, c'est au contraire se dire que finalement on est peut-être passé à côté de quelque chose et que l'on a probablement moins que ce que l'on présumait obtenir. Faire un choix, c'est donc quelque part être frustré. Mais là ne s'arrête pas cette frustration.

Force est de constater qu'il ne nous est pas facile de reconnaître nos erreurs lorsque nous avons fait un mauvais choix. Qu'il s'agisse de nos choix politiques, du choix du supermarché où nous pouvons faire nos courses ou du choix entre deux marques, il nous est pénible de reconnaître après usage que nous aurions dû voter pour tel autre, aller dans tel autre supermarché et choisir telle autre marque. Le fait de s'être trompé, d'en prendre conscience et de le reconnaître crée dans notre cerveau ce qu'il est convenu d'appeler une « dissonance cognitive ». Comme l'explique Léon Festinger dans son livre *When*

Prophecy Fails, nous souffrons en quelque sorte de notre bêtise, de cet emportement émotionnel qui nous a fait choisir ce qu'il ne fallait surtout pas choisir. Mais là ne s'arrête pas notre démarche. Pour réduire la dissonance cognitive, nous tentons de nous convaincre que nous avons quand même fait le bon choix. Pour ce faire, nous élaborons une argumentation, que nous qualifierons de « mauvaise foi », à laquelle nous finirons tout de même par croire.

Quelques mois après son élection à la présidence de la République, Nicolas Sarkozy, qui avait gagné haut la main contre son adversaire Ségolène Royal, commença à décevoir fortement ceux qui avaient voté pour lui. Nombre d'entre eux se rendaient compte qu'ils avaient probablement fait une erreur et que leur candidat, d'une part ne tenait pas ses promesses et, d'autre part, semblait ne pas se comporter comme il se doit lorsqu'on est président. Incapables de reconnaître leur bévue, ces citoyens n'avaient de cesse de dire : « Avec Ségolène, cela aurait été pire ! » Ils se confortaient par là dans l'idée qu'entre la peste et le choléra, il avait mieux fallu choisir la peste. La dissonance cognitive nous entraîne souvent, lorsque nous avons fait un choix qui nous fait douter, à nous mentir à nous-mêmes, ce qui nous fruste encore plus.

À l'encontre de ce que l'on peut imaginer, il s'agit bien d'un comportement naturel de notre cerveau. En voici pour preuve l'expérience suivante. Quarante enfants âgés de quatre ans sont réunis. On leur présente des stickers A, B, C d'animaux qu'ils aiment de façon égale. On leur demande, dans un premier temps, de choisir entre A et B. Bien qu'ils aiment autant A que B, ils font un choix. Certains prennent A, d'autres B. Aux uns comme aux autres, on demande ensuite de choisir entre le sticker qu'ils ont rejeté et le sticker C. Le sticker C est choisi dans 63 % des cas. Autrement dit, ceux qui avaient rejeté B ont préféré prendre C et non B ; même chose pour ceux qui avaient choisi B et rejeté A. C a été pris parce que les enfants ne voulaient pas se déjuger. En choisissant C, ils réduisaient leur dissonance cognitive. La même expérience a été tentée avec des singes capucins auxquels on montrait des stickers de couleurs qu'ils aimaient. Dans des conditions comparables, le sticker C était choisi à plus de 60 %. Ainsi, il n'y a pas grande différence entre les enfants et les singes capucins...

■ QU'EST-CE QU'ÊTRE HEUREUX ?

Le psychologue Mihaly Csikszentmihalyi de l'université de Pennsylvanie, a constaté que les personnes les plus heureuses sont celles qui parviennent à oublier le passé et le futur et qui vivent seulement l'instant présent. Tant bien que mal, chacun d'entre nous s'efforce de donner du sens à ses actes et à ses pensées tout au long de son existence, et c'est peut-être ce qui ne nous rend pas forcément heureux. Csikszentmihalyi confirme qu'une fois le minimum assuré, le confort matériel a très peu d'incidence sur le bonheur ou la satisfaction personnelle. Dans une interview donnée à *L'Actualité* de Montréal, il explique que « *s'il est en sécurité et mange à sa faim, un habitant du Tiers-Monde a* grosso modo *le même niveau de contentement qu'un Japonais ou un Canadien. Et les gagnants du loto, après un sursaut de satisfaction qui dure un an ou deux, ne sont pas plus heureux qu'ils ne l'étaient* avant ». Il va même plus loin en inventant le concept du « flot » (« *flow* » en anglais), cet état mental dans lequel nous nous trouvons lorsque nous sommes absorbés par une tâche de telle façon que nous ne sentons plus le temps passer et que nous sommes envahis par une intense satisfaction. Par exemple, lorsque nous bricolons, jardinons, construisons une maquette de bateau avec nos enfants ou faisons de la tapisserie, nous oublions tout, ce qui fait que nous nous sentons plus heureux. Les jeunes adolescents trouvent ainsi le bonheur en jouant sur leur ordinateur ou avec leur Nintendo DS. Ils sont absorbés, oublient le passé, leurs parents, leurs frères et sœurs, ne pensent pas au futur.

Depuis une trentaine d'années, ce psychologue, ainsi que son confrère Martin Seligman, ont interrogé des milliers de personnes d'une centaine de pays sur leur niveau de satisfaction personnelle.

Ils en ont tiré la conclusion suivante : ce n'est pas devant la télé en mangeant des gâteaux ou en se prélassant à bord d'un paquebot de luxe qu'on est le plus heureux. C'est quand on est occupé à une tâche qui sollicite au maximum nos forces et nos talents. C'est donc bien lorsqu'on se trouve dans cet état de « flot » où nous oublions nos problèmes, le temps qui passe et qui nous entoure. Mais comment provoquer le « flot » ? « *En s'assignant une tâche juste assez difficile pour qu'elle requière toutes nos capacités et toute notre attention* », répond Mihaly Csikszentmihalyi. De plus, note-t-il : « *Le profond sentiment de satisfaction qui en résulte crée vite une dépendance : on se sent si bien qu'on essaie de retrouver cet état le plus souvent possible.* » Et d'ajouter : « *D'une fois à l'autre, on finit par apprendre, par développer son domaine de compétence. On progresse ainsi d'un but à l'autre, dans une complexité grandissante, comme le tennisman ou le joueur d'échecs qui, à mesure qu'ils perfectionnent leur jeu, ont besoin de défis de plus en plus grands.* »

Pour autant, un haut niveau de satisfaction ne peut être le seul ingrédient d'une vie réussie. Mihaly Csikszentmihalyi et Martin Seligman rappellent que, dans leurs recherches sur ce qui rend les gens heureux, ils en sont venus à distinguer ce qu'ils appellent « la vie agréable » (qui procure autant d'émotions plaisantes que possible) et « la bonne vie », celle dont la personne retire beaucoup de satisfactions en utilisant au mieux ses forces et ses talents. Mais ils parlent également de « la vie qui a un sens », à savoir : « *Celle qui consiste à mettre ses compétences au service d'une cause plus grande que ses seuls intérêts personnels.* » Selon eux, « *La meilleure façon d'être durablement heureux reste de développer ses forces et ses talents au maximum, tout en se sentant lié à son milieu et responsable du monde dans lequel on vit* ». Cette dernière affirmation fait allusion à tout un champ de recherches actuelles dans le domaine des sciences. Elle intéresse particulièrement les biologistes évolutionnistes qui étudient la génétique de la coopération, les avantages évolutifs que récolte une espèce dont les membres apprennent à collaborer entre eux. Ces scientifiques revoient Darwin. Pour simplifier, disons que dans un groupe où les gens ne se préoccupent que de la survie de leurs propres gènes, c'est le plus compétitif qui l'emporte. Alors que dans un groupe qui pratique la coopération, c'est encore le plus compétitif qui est dominant, mais l'ensemble de la communauté prospère également. D'après ces chercheurs cette idée, en fait assez simple, a été perdue de vue en raison de notre façon très individualiste de comprendre l'évolution et la survie. En réalité, les gens qui échappent à la solitude de leur destin individuel sont ceux qui développent au maximum leur originalité, leur identité intrinsèque et qui, en même temps, se sentent profondément liés au destin de l'univers et de l'humanité.

■ LA CIVILISATION DE L'HYPERCHOIX

Même si l'on nous dit que le choix ne rend pas heureux, aujourd'hui notre style de vie est essentiellement orienté sur le fait de « choisir au quotidien ». Nous passons 70 % de notre temps à choisir entre deux, trois, quatre possibilités ou options. Si notre PC rend l'âme, nous devons rapidement choisir entre plusieurs marques – Sony, HP, Dell, Toshiba – (choix horizontal), mais aussi entre un PC et un Mac (choix vertical) qui sont deux concepts différents, apportant chacun leur lot d'avantages et d'inconvénients. Il en est de même pour notre téléphone portable, notre voiture, notre GPS, nos vitamines, la chaîne d'information TV ou radio qui va nous donner les actualités les plus intéressantes. Tout est fait pour nous mettre dans une ambiance d'hyperchoix. Lorsque nous rentrons dans une grande surface alimentaire, dans un magasin de bricolage ou d'habillement, le choix qui s'offre à nous nous impressionne. D'un côté, il nous enchante et de l'autre il nous angoisse souvent.

La publicité traditionnelle, alliée à Internet, nous incite à choisir. Si l'on observe les dépenses marketing actuelles (publicité, promotion, événements, merchandising), on remarque que plus de 90 %

d'entre elles sont faites non pas pour lancer de nouveaux produits ou pour nous faire consommer plus d'une catégorie de produit plutôt qu'une autre, mais pour nous amener à faire de nouveaux choix entre des marques équivalentes ou légèrement différentes – soit que notre produit devienne obsolète, soit que nous ayons été tentés de l'euthanasier, soit encore qu'on nous ait fait miroiter les délices d'une innovation à la mode. Dans leur course à la part de marché, les directeurs marketing n'ont d'autres issues que de trouver les moyens de faire en sorte que le consommateur change ses habitudes de marque comme ses repères de consommation. Ils ont l'obligation de faire choisir leur marque plutôt qu'une autre, même si ce choix n'apporte pas de nouvelles satisfactions et ne répond à aucun besoin. Pour garder ou gagner coûte que coûte des parts de marché, l'entreprise doit faire admettre au consommateur qu'il trouvera enfin le bonheur en changeant ses habitudes de marques.

Faire choisir, offrir le choix, multiplier les choix sont devenus aujourd'hui les objectifs premiers des directions marketing des entreprises de produits de consommation, de biens d'équipement et de services. Ce ne sont plus les ressorts des besoins, des attentes des individus que l'entreprise doit connaître pour rencontrer le succès, mais bien les mécanismes qui les conduiront à choisir contre vents et marées sa marque. Toute laisse à penser qu'hier le marketing visait à répondre aux besoins du consommateur ou à lui en créer de nouveaux, alors qu'aujourd'hui on doit se préoccuper d'abord et avant tout des moteurs du choix. Nombreux sont ceux qui diront que, fondamentalement, il ne semble pas au premier abord que l'on ait changé de galaxie. Pourtant, cette civilisation du choix change tout.

Ainsi, si l'on admet que le choix et les frustrations que le marketing provoque sont au centre de nos préoccupations de marketeurs, il nous faut reconnaître que nous ne sommes plus dans une société de consommation comme on pouvait encore le dire hier, mais bien dans une société d'hyperchoix qui exacerbe les frustrations. En conséquence de quoi, on peut avancer que tous les éléments et facteurs de notre économie sont organisés non pas pour nous faire consommer, mais bien pour nous obliger à choisir. Il est clair que cette nouvelle façon de percevoir les objectifs du marketing remet complètement en question tout ce que l'on a pu dire sur les principes et mécanismes du marketing traditionnel essentiellement lié au besoin du consommateur. Que fait-on des quatre P ? Que reste-t-il du principe de segmentation ? Que peut-on dire de la force des marques ? Que dire encore du bonheur et du bien-être du consommateur ?

■ LES STRATÉGIES ET MÉCANISMES DU CHOIX

Pour le consommateur, changer de marque, faire un choix implique *a priori* et *a posteriori* quatre difficultés majeures :

- la première se trouve dans l'émotion de la prise de risque : on sait ce que l'on a, on ne sait pas ce que l'on va gagner ;
- la deuxième réside dans le point de vue d'Amos Tversky. Face au choix entre A, B et C, si on choisit A à côté de quoi passe-t-on en ne prenant pas B ou C, et en abandonnant sa marque ? Le choix est souvent cornélien ;
- la troisième a trait à la dissonance cognitive : après avoir choisi A contre B, à quel mensonge allons-nous devoir succomber pour nous convaincre que, finalement, nous avons bien fait ? ;
- la quatrième se traduit par la désillusion, la frustration consé- quente de l'attente que l'on avait et du constat que l'on fait *a posteriori* de la pauvreté du bénéfice obtenu. Ce qui s'exprime encore sous le nom d'« effet d'atterrissage ».

Dans ses différents ouvrages et conférences, Seth Godin a dénoncé ce qu'il définit comme le « marketing d'interruption », c'est- à-dire la pratique des entreprises qui consiste à interrompre la pensée du consommateur par un bombardement médiatique pour lui faire acheter quelque chose ou lui faire choisir un autre magasin, un autre restaurant que celui qu'il aime. Il a montré que le consommateur refuse aujourd'hui ce harcèlement incessant. À la lumière des travaux de Léon Festinger, de Barry Schwartz et de Louisa Egan de l'université de Yale, on peut encore aller plus loin dans l'explication. Ce ne sont pas les vagues incessantes de publicité qui exacerbent le consommateur ; c'est d'abord le fait de devoir choisir, puis de parfois regretter le choix réalisé et enfin de subir les effets de la dissonance cognitive qui créent la frustration principale de la civilisation de l'hyperchoix.

Il est donc légitime d'avancer que plus le consommateur aura subi de frustrations liées au choix qu'on lui propose ou qu'on lui impose, plus il deviendra méfiant et plus son expérience jouera un rôle important dans sa façon d'aborder les propositions que lui feront les marques. Alors qu'il était facile de découvrir et d'exacerber ses besoins, il devient à l'évidence de jour en jour plus difficile de comprendre les mécanismes qui vont conduire à le faire changer de marques et à favoriser ses choix. Notons que ces mécanismes s'expriment avant le choix, pendant le choix, mais surtout après. Il est donc indispensable d'interpréter, outre ce qui se passe avant le choix, ce qui se déroule une fois qu'il a pris sa décision et que les frustrations apparaissent. Vivant aujourd'hui dans une civilisation d'hyperchoix, le consommateur est non seulement frustré de ne pas faire le bon choix, mais il l'est encore plus parce qu'il sait bien, sa petite voix intérieure le lui dit, qu'il se ment à lui-même.

Lorsqu'en 1987 le premier hard discount Aldi s'implanta à Croix dans le nord de la France, les grands distributeurs de l'époque ne pouvaient imaginer que ce format de distribution allait devenir leur plus grand concurrent. En trois ans, on passa d'un point de vente hard discount à plus de deux mille. À l'encontre de ce que l'on pouvait croire, ce n'étaient pas leurs prix bas et leur proximité qui allaient faire leur succès, mais le fait que ces points de vente ne présentaient pas de choix. Au rayon frais industriel, il n'y avait que deux ou trois types de yaourts, alors que dans les supermarchés on pouvait trouver jusqu'à deux cents sortes de produits différents. Parce qu'il n'y avait pas de choix, le consommateur ne se sentait plus frustré de ne pas pouvoir choisir entre des centaines de produits et de promotions. Il était plus heureux. L'exemple du hard discount n'est pas isolé. Il semble que dans un futur proche, tout ce qui évitera au consommateur d'avoir trop de choix – et par là même lui évitera des frustrations – aura sa préférence.

■ CLIENT OU SUBISSEUR ?

On a coutume de ranger, sous le terme « consommateur », trois notions ou états qui qualifient l'individu dans son processus de consommation, à savoir :

- le prospect, celui qui va probablement faire un choix, pour lui ou pour d'autres (la consommatrice choisit pour sa famille des desserts qu'elle ne consomme pas forcément) ;
- l'acheteur, celui qui va faire le choix et le payer ;
- le client, celui qui vient d'acheter et que l'entreprise va tenter de fidéliser afin qu'il revienne de nouveau acheter.

Dans les entreprises qui vendent ou produisent un service (distributeurs, loueurs de voitures, compagnies d'assurances, fournisseurs d'accès à Internet, compagnies d'aviation, club de vacances, etc.) comme dans celles qui proposent un produit qui nécessite un service pour fonctionner (automobiles, piscines, chaudières, moteurs hors-bord, électroménager, etc.), ces trois notions prennent un tour différent de ce qu'elles expriment dans le cas de marques de produits de consommation comme Coca-Cola, Gillette ou le beurre Président.

Prenons l'exemple de ce prospect qui, après avoir regardé toutes les offres du marché, se sent attiré par une promesse alléchante d'un FAI (fournisseur d'accès à Internet). Il envisage d'abandonner son abonnement actuel pour aller vers celui qui semble lui en donner plus pour un coût moins élevé. Des images idylliques parviennent immédiatement à son esprit. C'est, semble-t-il, la conséquence de la création par certaines zones du cerveau de molécules nommées opioïdes endogènes qui procurent une sensation de bien-être. La question est de savoir quand et pourquoi ce prospect devenu acheteur a-t-il pris la décision d'éventuellement quitter son FAI. Tout d'abord, il est possible que face à tous les choix que lui propose le marché, il se soit demandé s'il ne passait pas à côté de quelque chose en restant fidèle à sa marque. Les rumeurs, les discussions sur le sujet avec ses amis ou collègues lui ont peut-être mis la puce à l'oreille.

Plus probablement, il a été déçu par un événement. On lui avait peut-être promis, au moment de la signature de son contrat, un service client 24/24 et 7j/7, ou on lui avait expliqué qu'il pourrait recevoir la télévision par Internet. Pendant tout le temps où il était abonné, il a sûrement reçu en tant que client au travers de ce qu'il est convenu d'appeler un marketing relationnel, des dizaines, des centaines de mailings, de e-mailings lui proposant des services supplémentaires. Il est probable qu'il en ait souvent achetés. Puis un jour, il s'est rendu compte qu'il ne recevait pas cette télévision tant espérée parce qu'il était en « bout de ligne » ou que l'on ne pouvait pas le dépanner pour différentes raisons plus ou moins justifiées à ses yeux. Il a alors pris conscience qu'il n'était pas comme on le lui avait dit un client, mais un simple « utilisateur » ou encore un « subisseur » de son FAI. Bien qu'ayant été une cible privilégiée du marketing relationnel de sa marque, il a pris conscience qu'il n'avait pas la même acception du mot « client » que son fournisseur. Il a réalisé que tout ce qu'on lui avait promis n'était que des mots et qu'il n'y avait rien derrière. Il s'est senti idiot, floué. La frustration du choix et la dissonance cognitive ont eu raison de sa fidélité.

Prenons maintenant un autre exemple, celui de cet automobiliste de cinquante-quatre ans (c'est l'âge idéal de l'acheteur de voiture neuve) qui vient d'acheter une nouvelle voiture. Après des mois de recherche et d'investigation, ce prospect a enfin pris sa décision. Il a choisi sa marque parmi trois fabricants qui, à ses yeux, étaient susceptibles de répondre à ses attentes. Il est finalement persuadé qu'il a fait le bon choix. Il a laissé de côté les avis contraires de sa famille ou de ses amis. Il est devenu le client de la marque de sa voiture. À ce titre, on lui a assuré un service complet, total. Il ne sera jamais en panne, lui a-t-on promis. Un jour, cet automobiliste se fait arracher son rétroviseur de droite par un motard. Il se rend chez son garagiste pour qu'on le lui change sur-le-champ. On lui explique alors, fort aimablement, qu'il devra attendre une semaine eu égard au fait que la marque n'a pas de pièces détachées et que l'on travaille en flux tendu. Il ne comprend pas. On lui avait juré au moment de la vente que lui, client privilégié, n'aurait jamais de problèmes en choisissant cette marque et que l'on se mettrait en quatre pour lui. Or, il doit maintenant conduire sans ce rétroviseur au moins pendant deux semaines ! Sa frustration est totale. Il réalise d'un seul coup qu'il n'est pas traité comme le client qu'il croyait être, qu'il est, au fond, un utilisateur, un subisseur de la marque qu'il a mis tant de temps à choisir. Il est le subisseur de son garagiste. Là encore, la frustration après achat sonne le glas de ses espoirs.

Le mot « client » est de fait, dans la plupart de ces cas, usurpé. Posez-vous la question suivante : êtes-vous client ou seulement usager de votre banque ? Êtes-vous client de votre grande surface ou un usager comme les autres ? Êtes-vous client de votre compagnie d'aviation ou tout simplement un subisseur des conflits sociaux de l'aéroport – des contrôleurs du ciel, des bagagistes ou du personnel naviguant ? Toute la question est là.

Dans l'économie de services qui s'annonce être la nôtre, au moins pour les dix prochaines décennies, il est essentiel de clairement définir ce qu'est un client et de s'interdire de se servir de ce vocable pour simplement qualifier celui qui prend un produit et le paye.

■ REDÉFINIR LE CONCEPT DE « CLIENT »

Les sociétés de services, les distributeurs, les industriels sont obligés, dans le but de gagner ou conserver leurs parts de marché, de demander à leur service marketing de développer des stratégies visant à surenchérir et à surpromettre afin de faire pencher le choix du consommateur (prospect/acheteur) qui se décide à changer de marque ou d'opérateur de leur côté. À l'identique des politiques en campagne électorale, chaque intervenant promet le bonheur sur terre pour tous, sans effort et immédiatement, à condition de faire le bon choix. Ici, c'est le crédit gratuit, là le dépannage 24/24 et 7j/7 sur simple appel téléphonique, là encore les billets d'avion les moins chers et la possibilité d'être surclassé si l'on possède telle carte de crédit. On trouve également, dans la plupart des offres, la livraison à domicile gratuite promise pour tout achat (sous certaines conditions, forcément). Tout cela conduit tôt ou tard à un effet d'atterrissage négatif pour la bonne et simple raison que deux logiques s'affrontent.

D'un côté, le fabricant ou l'opérateur appelle « client » toute personne qui a acheté son produit ou son service. À ce titre, le client devient propriété du fabricant. Pour être certain de ferrer l'acheteur, on garantit à ce client un service, une assistance jusqu'à un certain niveau. Ce niveau est déterminé unilatéralement par l'entreprise qui définit son service et ses limites. Le client, lui, n'est pas, et c'est normal, informé. Après cette limite de service, il doit payer. En d'autres termes, c'est l'entreprise, à l'aune de sa profitabilité et de ses contraintes, qui établit de façon autoritaire ce qu'est et ce que n'est pas son service, comme le prix qu'il faut payer pour obtenir ce qu'elle qualifie être un super-service.

De l'autre côté, le consommateur pense que, puisqu'il a fait un choix et donné sa préférence à une marque, cette dernière doit pour le remercier et le fidéliser lui éviter tout désagrément, toute frustration. Il définit de ce fait lui-même la magnitude du service, l'assistance qu'il s'autorise unilatéralement à exiger. Il n'a aucune idée des coûts du service qu'il réclame et s'en moque bien ; tout cela est un simple dû. Être client, pour lui, c'est en effet être considéré comme une personne à qui l'on garantit le « zéro frustration » pendant et après l'achat. Si cela ne se produit pas, il ne s'estime plus être un client, mais un utilisateur ou subisseur.

Il est évident que ces deux points de vue sont inconciliables. L'entreprise a de telles contraintes qu'il lui est nécessaire de poser des limites à son service. *A contrario*, le consommateur qui estime que le choix qu'il a fait lui donne des droits, trouve inacceptable le point de vue de l'industriel. De fait, ce qui sépare la perception d'être un « utilisateur ou subisseur » de celle d'être un vrai client, c'est simplement le niveau de contrainte ou de frustration ressentie par l'individu après qu'il a choisi puis acheté. Le subisseur accuse toutes les contraintes et vit toutes les frustrations, alors que le client, lui, ne devrait ressentir rien de tout cela.

Il va de soi que ce qui vient d'être présenté s'adapte plus à des services ou à des produits qui en nécessitent qu'à ce qu'il est convenu d'appeler des « *commodities goods* » comme, par exemple, des produits pour laver le sol, nettoyer le four ou encore des surgelés ou de la crème à raser. Dans ces cas-là, on est plus le client du point de vente que celui de la marque. Bien évidemment, cela ne veut en aucun cas dire que celui qui achète ces produits ne ressentira aucune frustration liée au choix comme expliqué précédemment. Pour autant, le vocable « client » n'a pas beaucoup de sens dans ces cas très particuliers.

■ TRANSFORMER LES UTILISATEURS OU SUBISSEURS EN CLIENTS

Lorsqu'un consommateur de produits de services, après son achat, constate qu'il n'est finalement considéré que comme un « utilisateur ou un subisseur » par sa marque, lorsqu'il se sent abandonné par cette dernière qu'il a pourtant choisie, lorsque les émotions dues à son désappointement et à ses frustrations le submergent, il n'a plus aucune raison de lui être fidèle. On peut bien lui proposer toutes les cartes de fidélité qui existent, lui envoyer toutes les incitations à acheter plus, lui dire de façon ludique qu'on l'aime et le respecte, rien n'y fera : il n'y croira plus. Il va probablement dire du mal et déconseiller à ses proches cette marque égoïste. S'il s'agit d'un abonnement résiliable ou d'un bien de consommation courante, il abandonnera tout simplement la marque. Comme il devra quand même la remplacer, il n'aura qu'une idée : payer le moins cher possible pour au moins ne pas retomber dans le même travers. En revanche, s'il s'agit d'un abonnement non résiliable immédiatement ou d'un bien d'équipement qu'il devra garder pendant quelques années, à cause du crédit qu'il a contracté, son amertume deviendra le pire ennemi de la marque. Il ne se contentera pas alors de la déconseiller, il jettera sa gourme dans les forums Internet ou participera aux combats des associations de consommateurs. Les entreprises doivent être conscientes du fait que transformer un « consommateur acheteur » en subisseur est pour elles le pire des choix stratégiques.

Si, par contre, ce consommateur se rend compte que la marque de services ou de biens d'équipement fait tout ce qui est en son pouvoir pour lui éviter tout désappointement ou toute frustration, il va se sentir considéré comme un vrai client. Il va comprendre qu'il fait partie d'un véritable club de privilégiés. Bien sûr, il va raconter à qui veut l'entendre comment sa marque l'a dépanné, soutenu. Il va se sentir obligé de la recommander. Pour ne pas se dédire, pour remercier, il va pardonner les petits écarts, les petites fautes, les manquements ou oublis. C'est là le point le plus essentiel : il va pardonner. Il va excuser une petite différence de prix qui ne se justifie pas forcément. En un mot, la dissonance cognitive va jouer en faveur de la marque. Ce client, et non plus ce subisseur, fera tout pour défendre sa marque, même si parfois ses arguments ne seront pas totalement sincères.

Il tombe sous le sens que dans le cadre d'un marketing émotionnel, il est impératif que les entreprises de services ou les fabricants de produits mettent en œuvre des stratégies visant à faire en sorte que le subisseur devienne un vrai client.

QUAND LE BESOIN EST AU CENTRE DU DISPOSITIF

Dans le marketing traditionnel, tel que nous le connaissons encore aujourd'hui, le besoin est au centre du dispositif. Cela implique, comme le montre la figure ci-après, la cohérence et la coexistence de plusieurs éléments, comme la connaissance des besoins et des attentes du consommateur, la force de la marque, etc.

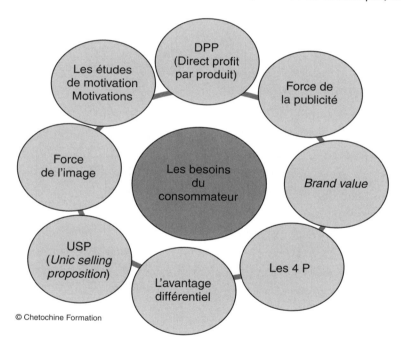

© Chetochine Formation

Mais, phénomène plus intéressant, dans ce marketing l'entre-prise vise avant tout à faire des profits essentiellement au travers du produit. En répondant aux besoins ou en en créant de nouveaux, l'entreprise définit une réponse qui est la source de sa profitabilité. Bien évidemment, elle va tenter de fidéliser le client, mais le but premier demeure celui de faire sur chaque produit le profit maximum ou idéal.

Ce point de vue est légitime pour l'entreprise qui a mis toutes ses ressources en marche pour trouver puis satisfaire les besoins du consommateur. Elle a dépensé des sommes colossales pour faire connaître sa réponse, son service ou produit et développé des efforts considérables pour lutter contre ses concurrents. Il est logique de considérer qu'elle a vraiment fait le maximum pour satisfaire les attentes de la cible qu'elle visait et, par conséquent, qu'elle « mérite » d'en récolter le plus rapidement possible les bénéfices en s'appliquant à faire du profit sur chaque produit.

QUAND LA FRUSTRATION EST AU CENTRE DU DISPOSITIF

Quand l'entreprise, au contraire, met la frustration du client au centre de son dispositif (voir la figure ci-après), c'est-à-dire lorsqu'elle vise à rendre l'utilisateur client – au sens de « zéro frustration » –, les éléments du marketing mix et leur cohérence changent par la force des choses.

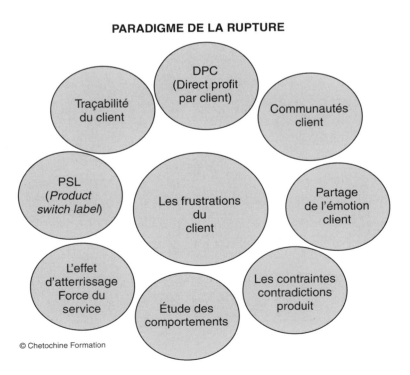

PARADIGME DE LA RUPTURE

© Chetochine Formation

© Groupe Eyrolles

LA RECHERCHE DES CONTRADICTIONS DU PRODUIT

Pour transformer le subisseur en client, il est nécessaire de déceler et de prévoir avant toute action quelles seront les frustrations, les désillusions que risque de rencontrer le futur client. L'expérience montre que tout produit ou service recèle en lui-même par nature des contraintes, des éléments anxiogènes ou des éléments favorables et déclencheurs de frustrations. Considérons, par exemple, les aspirateurs domestiques traîneau ou verticaux que nous utilisons pour faire notre ménage. Les grandes marques comme Bosch, Hoover, Miele, Electrolux se disputent le marché en apportant des modèles de plus en plus esthétiques et de plus en plus performants. Pour autant, ces modèles sont lourds, parfois difficiles à ranger et obligent la consommatrice à gérer le problème du sac. Ce sac est au cœur de sa frustration car s'il est trop plein, la belle machine n'aspire plus. Et si l'on doit en acheter un nouveau, on ne trouve pas forcément chez le marchand le modèle qui convient. La marque Dyson a compris cette frustration liée au sac et l'a placée au centre de son dispositif marketing. En lançant son fameux aspirateur sans sac, elle soulagea le consommateur, réussit à prendre une part de marché conséquente et à relancer le marché des aspirateurs sans sac.

Décathlon, le grand distributeur d'articles de sports français, est un très bon exemple de ce type de problème. Le matériel sportif est par nature un produit anxiogène. Le consommateur ne sait jamais s'il achète le bon modèle, s'il ne va pas paraître ridicule en choisissant un produit ou une marque trop haut de gamme ou au contraire trop bas de gamme eu égard à son niveau dans la discipline sportive qui l'intéresse. Grâce à une véritable stratégie « zéro frustration », cette chaîne représente aujourd'hui 50 % du marché français et distance largement ses concurrents. Ses différentes marques propres atteignent 60 % de ses ventes. La stratégie client repose sur une approche non frustrante de la vente. Le vendeur n'est pas là pour vendre le produit qui rapporte le plus, mais bien pour conseiller celui qui donnera le moins de désappointement, de frustration à l'usage et le plus de plaisir. Au risque de vendre un produit moins performant, moins sophistiqué, moins cher que ce que demandait le client en première instance, le vendeur regarde ce qui lui convient vraiment. Il argumente, tente de convaincre pour rendre son client heureux. Par son professionnalisme, sa connaissance du sport pratiqué par le client et sa compréhension des anxiétés de ce dernier, il donne des conseils « humanisés ». Il devient dès lors un « ami » du client ; celui-ci lui fait pleinement confiance. Se sentant redevable, le client ne partagera pas ses achats avec d'autres spécialistes. Ainsi, par cette volonté d'être un magasin où l'on ne force pas la vente, mais où l'on évite les frustrations du client, Décathlon met véritablement la frustration du client au centre de ses préoccupations. Cela n'est rendu possible que parce que le produit « sport » véhicule en lui, déjà, une série de frustrations. Pour saisir l'importance et l'impact de la démarche de cette chaîne, il est inté-ressant d'observer la part de marché de ses concurrents qui vendent les mêmes produits. Alors que Décathlon atteint presque les trois mille millions d'euros de vente en 2008, Intersport, qui vient en deuxième position, ne réalise que mille millions d'euros, laissant le Groupe Go Sport avec sept cents millions d'euros et la chaîne Sports 2000 avec un peu plus de cinq cents millions d'euros.

Prenons maintenant l'exemple de Darty. Dans l'univers des produits blancs et bruns (électroménagers, télévision, HI-FI), Darty est leader. Face à lui, des concurrents puissants ne cessent d'offrir des prix cassés, des promotions, du crédit gratuit. Pour autant Darty, sans faire d'offres promotionnelles, sans parler de prix, sans fêter d'anniversaire, reste le premier vendeur de ces produits. Par quel miracle résiste-t-il aux hypermarchés, aux spécialistes et aux offres faites sur Internet ? La raison en est simple : les produits que vend cette chaîne sont par définition porteurs d'un véritable virus frus-trant. Les consommateurs qui veulent acheter un réfrigérateur ou une télévision sont tous les jours sollicités par des offres alléchantes. Finalement, ils ont peur de se perdre dans cette avalanche de propositions et ressentent un malaise en ne sachant pas où acheter pour avoir le juste prix. Darty base la force de sa marque sur son « contrat de confiance » qui garantit au consommateur que s'il trouve moins cher ailleurs, il lui rembourse la différence. Mais Darty ne se contente pas de répondre à la frustration liée au prix. La marque renforce sa position en assurant ses clients d'un service sans reproche, ce qui s'avère être vrai dans les faits.

Aujourd'hui, face à la problématique du choix et aux frustrations qu'en ressent le consommateur surgissent de nouveaux métiers comme, par exemple, celui de « *wedding* consultant ». En effet, si vous souhaitez vous marier ou si vous devez marier votre fille, la cérémonie à laquelle vous allez inviter vos amis va vous poser d'infinis problèmes car la cérémonie du mariage contient par nature une série de contraintes et recèle des frustrations à n'en plus finir. Et cela est d'autant plus vrai qu'il s'agit d'un « *one shot* », d'une fête qui doit être exceptionnelle. Déjà, vous n'avez pas forcément les moyens d'offrir à vos convives tout ce que vous voudriez, tout ce qui leur plairait. Et puis, réunir des personnes si différentes (parents, beaux-parents, tantes, oncles, amis, clients, notables, ecclésiastiques) va vous empêcher de dormir quelques nuits, du moins jusqu'à ce que vous ayez dessiné votre plan de table… Eh bien aujourd'hui, le *wedding* consultant va, pour quelques honoraires, vous arranger tout cela. Il sait que vous ne pouvez pas tout offrir. Il va donc vous montrer les meilleurs choix et surtout il va vous rassurer. Il va trouver les mots qui feront que vous ne regretterez rien et qui vous laisseront tout à la joie des émotions de ce jour merveilleux.

Les conseils de ce genre vont se multiplier. Chaque fois qu'il faudra faire un choix financier – déménagement, achat de maison ou autre – de nombreux consommateurs préféreront s'en remettre à ceux qui savent afin de ne plus avoir le désagrément de la frustration post-achat.

■ LE PARTAGE DES ÉMOTIONS

La frustration des uns paraît souvent incohérente aux autres. Alors que le besoin n'est jamais remis en cause, la frustration, elle, est généralement sujette à discussion. Les directions marketing des industriels ou des sociétés de services ont souvent de grandes difficultés à prendre en considération les plaintes et gémissements des utilisateurs de leurs produits et de leurs services. C'est le syndrome dit « du chemin pour aller à l'aéroport ». Si vous êtes dans une voiture de location dans une ville que vous ne connaissez pas et si vous devez rejoindre de toute urgence l'aéroport pour ne pas rater votre avion, vous remarquerez alors que les indications qui vous sont données sont à tout le moins insuffisantes. Au début, vous risquez de voir clairement un panneau indiquant l'aéroport. La route vous semble droite. Puis, soudain à une bifurcation, vous ne trouvez plus d'indication. Vous hésitez, vous vous angoissez, vous pestez contre ceux qui ont tracé ce chemin. Et vous continuez à l'aveuglette. Si vous avez de la chance, vous finirez par tomber sur un autre panneau. Mais racontez vos angoisses au maire de la ville, au responsable du service technique ou au responsable de l'aéroport, et ils vous souriront en vous disant : « C'est pourtant facile, c'est tout droit ! » En effet, il faut aller tout droit, mais seuls les habitants de la ville le savent. Ce qui est vrai pour le chemin de l'aéroport l'est aussi souvent pour le produit ou le service ; celui qui a conçu le projet ne se doute pas et ne partage pas les émotions, les anxiétés de l'utilisateur. Il a tendance à trouver les jérémiades de ce dernier superfétatoires, absurdes et intolérables. Or, si l'on veut mettre au centre des préoccupations de l'entreprise les frustrations du consommateur, il faut avant tout les partager avec lui. Aucune frustration n'est critiquable.

Lorsqu'on observe un échantillon d'acheteurs, on constate qu'ils n'ont pas forcément tous les mêmes frustrations au même moment, ou lorsqu'ils ressentent les mêmes, elles ne sont pas d'intensités égales. C'est là un nouveau moyen de connaître ses cibles. Plutôt que d'approcher le consommateur sous l'angle de ses attitudes, c'est-à-dire sa relation psychologique au produit ou au service qui lui est proposé, il est plus pertinent aujourd'hui de le positionner en fonction de sa réceptivité émotionnelle aux frustrations. La différence entre l'appréciation du consommateur par le truchement de ses attitudes et son positionnement par rapport à son ressenti des frustrations revêt une importance capitale dans les stratégies de transformation du consommateur en client au sens « zéro frustration » du terme. En effet, pour élaborer une stratégie de conversion des subisseurs en clients, il faut, comme cela a été souligné précédemment, mettre les frustrations au centre du dispositif. Et comme les consommateurs ne sont pas égaux devant les frustrations, mêmes similaires, il convient, pour répondre au maximum de frustrations avec les mêmes efforts, de choisir le segment des subisseurs les plus proches d'une frustration commune.

Quand le marketing traditionnel est apparu dans les années 1950, on a beaucoup parlé d'un état d'esprit. Cet « état d'esprit » consistait principalement à renforcer l'idée que la fabrication, avec ses contraintes, ses impératifs devait s'effacer devant le besoin du consommateur. Pour le marketing des émotions, il en est de même ; le besoin doit s'effacer devant la frustration. Comprendre, admettre la frustration du consommateur devient un nouvel état d'esprit.

■ DÉTERMINER L'ÉVOLUTION DES COMPORTEMENTS

Le monde du comportement est de nature très différente de celui des attitudes. Dans ce monde, on ne parle plus comme chez Abraham H. Maslow du moteur de l'action lié au besoin de réalisation de soi, au besoin de reconnaissance, d'amour, de sécurité, au besoin physiologique, au besoin de réaliser son potentiel, etc. ; on parle tout simplement de « réactions », c'est-à-dire du concept de stimulus/réponse. Tout ce qui touche au comportement est finalement assez peu connu, reconnu et utilisé par les entreprises. La force de la psychologie classique est telle et l'approche « consommateur » de l'individu si présente dans les décisions marketing, que parler de comportement et de client apparaît seulement comme une autre façon, peut-être plus sophistiquée, plus moderne, de parler des « attitudes » et du consommateur.

Or, il n'en est rien. Nombreux sont ceux qui ont étudié le comportement. Ivan P. Pavlov et Vladimir M. Bekhterev se sont passionnés pour le conditionnement des animaux. Edward C. Tolman, Clark L. Hull, et Burrhus F. Skinner, fondateurs de la psychologie réactive, formulèrent leurs propres théories de l'apprentissage et du comportement en se fondant sur des expériences de laboratoire et non sur l'introspection freudienne. Plus près de nous, dans les années 1990, Leda Cosmides et John Tooby, deux noms célèbres parmi les fondateurs de la théorie révolutionnaire de la psychologie évolutionniste, montrèrent que notre cerveau n'est pas une cire molle, une « tabula rasa » que la culture façonnerait, mais bien plus une véritable boîte à outils faite de circuits neuronaux programmés par des millions d'années d'évolution. Et n'oublions pas de citer Jean Rostand, Pierre Bourdieu, Konrad Lorenz, et plus généralement tous les ethnologues, anthropologues et sociologues qui ont permis de formuler les bases de la science cognitive. Ces acteurs, pourtant essentiels pour comprendre la face « client » du consommateur, sont plus appréciés aujourd'hui pour leurs travaux sur les grands singes que pour leurs modèles d'explication du comportement d'achat des humains. Cela est regrettable, dès lors que l'on s'attache à définir le futur de notre économie.

Pour se représenter le futur, il n'est plus actuellement suffisant, si l'on admet la dualité consommateur/client, de s'intéresser uniquement à l'évolution des attitudes du consommateur. Il est indispensable de s'intéresser aussi, et peut-être avant tout, à ses comportements à court, moyen ou long terme. Il faut donc apprécier d'un côté les opinions, les attitudes des consommateurs sur les facteurs qui feront demain la réputation, la valeur d'une marque, d'une enseigne de distribution, d'un produit ou d'un service – ce que l'on sait très bien faire aujourd'hui – et, de l'autre, il est impératif de déterminer l'évolution des comportements et des critères qui font que l'on choisit plutôt un produit qu'un autre, une distribution qu'une autre – ce que l'on sait moins bien faire.

LE COMPORTEMENT EST D'ABORD UNE AFFAIRE D'OBSERVATION

Observons, comme on le ferait de n'importe quel mammifère, une cliente parmi tant d'autres au rayon hygiène et beauté d'un supermarché. Elle regarde les marques, les promotions présentes dans le linéaire. Elle est dans sa bulle silencieuse. Elle réfléchit. Peut-être compare-t-elle les emballages ? Peut-être fait-elle de savants calculs comparatifs entre les promesses de chaque produit et les prix affichés ? Tout cela, on peut le supposer, mais on ne le saura jamais vraiment même si on lui pose la question (ce qui est toujours tentant, mais qui n'a pas grande utilité). On ne peut donc que constater ce qu'elle fait, ce qu'elle touche, prend, repose, si elle va acheter et ce qu'elle va acheter.

Continuons l'observation. À l'évidence, vu le temps qu'elle passe au linéaire, elle cherche quelque chose qu'elle ne trouve pas ou ressent une difficulté à choisir. Une démonstratrice ou une vendeuse s'approche gentiment, lui demande poliment si elle peut apporter son aide par des mots on ne peut plus neutres : « Vous cherchez quelque chose, je peux vous aider ? » D'un seul coup, sans crier gare, la cliente répond rageusement et de façon agressive : « Non ! » Puis elle stoppe sa rêverie et quitte le rayon subitement en grommelant. Probablement que la cliente n'a pas réalisé ce qu'elle faisait, ce qu'elle disait, pas plus que le ton de sa voix quand elle a de façon si violente répondu à la personne qui tentait de lui venir en aide. Elle a, en réalité, tout simplement réagi à la situation créée sûrement par la vendeuse. Sans s'en rendre compte, cette dernière a franchi le périmètre naturel de défense propre à tout individu. Elle s'est avancée trop près, avec des gestes qui se voulaient avenants, mais qui ont été mal perçus, donc mal vécus. La consommatrice s'est peut-être sentie agressée, mise en danger par ces gestes, par cette proximité, par cette voix trop mielleuse de la vendeuse. En un instant, elle a pu s'imaginer mille choses : « *On va me forcer à acheter ce que je ne veux pas !* », « *La vendeuse ne va pas me lâcher, je ne vais pas savoir résister, elle va insister, elle touche sans doute une commission sur ses ventes, son conseil est par définition orienté et donc pas crédible, etc.* » Peu importe comment la cliente décrira la scène ou ce qu'elle a vécu. Peu importent les raisons qu'elle donnera pour justifier son comportement. Ce qui compte, c'est ce qu'elle a fait. Elle a été agressive et est partie sans acheter. En d'autres termes, elle a fait l'inverse de ce que souhaitait la vendeuse, l'inverse aussi de ce à quoi s'attendait cette dernière, elle qui croyait si bien avoir utilisé les recettes enseignées par le département formation de son entreprise.

Pourquoi cette consommatrice a-t-elle eu cette conduite ? Est-ce un comportement nouveau et, si oui, pourquoi ? Quels sont les éléments et les facteurs qui ont conduit la consommatrice à avoir un tel comportement à première vue irraisonné, complètement erratique ? Ce comportement va-t-il se reproduire ? Est-il la preuve d'une nouvelle façon d'être ? Quelles sont les solutions qui permettraient de l'éviter ? Etc. Face à ces comportements, pour la bonne marche du magasin, le responsable des vendeurs ou des marques présentes en linéaire doit savoir s'il s'agit d'un acte isolé ou si, face à cette même situation, la majorité des clientes vont réagir de la sorte. De la même façon, il faudra déterminer si ce type de situation a, par le passé, toujours engendré le même type de comportement ou si cette agressivité de la cliente est tout à fait nouvelle et de plus en plus présente chez la plupart des individus observés. S'il s'agit d'un cas isolé, il faudra l'oublier. Si, en revanche, on observe qu'à chaque fois qu'un vendeur s'approche d'un client qui rêve dans sa bulle au linéaire il le fait fuir et le rend agressif, si l'on se convainc qu'il s'agit d'un comportement nouveau, alors il faudra en déduire qu'un changement s'est opéré dans la relation client/vendeur et que la nouvelle société de consommation impose de nouvelles façons de vendre.

LA SITUATION, MOTEUR DU COMPORTEMENT

Si le comportement de cette cliente peut être considéré *a priori* comme la réaction à l'approche de la vendeuse, c'est-à-dire à la situation créée par cette dernière, encore faudrait-il définir ici plus précisément quelle est la situation : est-ce la démarche de la vendeuse, sa couleur de cheveux, la conjonction cliente/image des vendeurs en général, ou la nature du point de vente ? Sommes-nous ici confrontés à une typologie de client ou à un segment en particulier ?

On sait par expérience que certains clients trouvent la présence de vendeurs en magasin intolérable, surtout lorsqu'ils perçoivent qu'ils n'ont absolument pas besoin d'eux. Cela les conduit à être agressifs envers ces pauvres garçons et filles que la direction du point de vente ne cesse de motiver par différents moyens pour qu'ils soient au contact de la clientèle, dynamiques et présents. D'autres, au contraire, acceptent ou tolèrent cette présence de vendeurs, surtout lorsqu'ils estiment que ce sont des jeunes qui essaient de bien faire leur métier et qui, par tous les moyens, tentent d'échapper au chômage. Cela les conduit à être bienveillants, parfois même à acheter plus.

La raison de cette différence de comportement n'est, en fait, pas de nature typologique comme on veut trop souvent le croire par pure simplification des choses. Il n'y a pas ceux qui aiment les vendeurs et ceux qui ne les aiment pas. On ne naît pas pro ou anti-vendeur : on perçoit une situation, il y a une réaction et de là découle un comportement. Dans la vie courante, on retrouve quotidiennement ce type de situation mettant en jeu la relation perception/comportement.

Lorsque, par exemple, au péage d'autoroute, un automobiliste met un temps infini pour chercher son ticket, puis sa monnaie et qu'il finit par entretenir, après avoir enfin payé, la préposée à la caisse d'un long discours convivial, il n'est pas rare que celui qui attend derrière finisse par montrer des signes d'énervement évidents. Il n'est pas rare non plus que cette personne s'entende dire par un passager, un collègue, sa femme ou l'un de ses enfants : « *Allons, il faut se calmer, tout va bien. On a le temps, à quoi cela sert-il de s'énerver ?* » Pour des raisons qui lui sont propres, à ce moment-là, ce conducteur est sincèrement convaincu qu'il est la victime d'une grande injustice ou d'une malchance incompréhensible. Parce qu'il a quelque chose de crucial à faire, parce qu'il veut arriver avant l'heure de la fermeture du magasin où il doit acheter quelque chose qu'il juge important, il a une perception très particulière de cette scène. Pour d'autres, elle serait jugée sympathique, voire tout à fait normale. Mais pour lui, elle est inacceptable. Et plus il attend, plus il devient irritable, désagréable. Il suffit même d'un rien pour que la situation devienne explosive, surtout si l'un des passagers fait une remarque jugée par lui stupide, incongrue du type « *tout vient à point à qui sait attendre* ». Les enfants, passagers obligés des voitures des parents, connaissent bien ce genre de situation et les redoutent.

Rien ne dit qu'à ce même péage, un autre jour, le même automobiliste n'aura pas un comportement complètement différent. Parce qu'il aura le temps, parce que sa stéréo diffusera une musique qui l'enchantera ou parce que les gendarmes seront là, il trouvera que le type de devant, qui prend son temps pour payer, est un plouc pas méchant. Il confirmera son opinion aux passagers en se référant à sa plaque minéralogique : « *Pas étonnant, c'est un 78 !* »

La situation, vécue ici par l'automobiliste qui attend, lui est propre. Elle est la conséquence de sa perception. La perception qu'il a de ce qui se passe au péage lui appartient. Le comportement qu'il affiche n'est pas discutable. On peut lui dire que ceci ou cela ne se fait pas ou ne se dit pas, rien n'y fera. Il n'est pas maître de sa perception, pas plus que de ses réactions. Personne ne peut ressentir la situation vécue par un tiers. Le fameux « mettez-vous à ma place » n'a de ce fait ici aucun sens.

La réaction à une situation n'est, d'après les multiples observations qui ont pu être faites, qu'une question de « perception ». En d'autres termes, c'est l'observateur qui, à un moment donné, définit la situation et non l'inverse. Dans ces conditions, il n'y a donc pas de bonne ou de mauvaise situation, ou encore de situation juste ou injuste. Il y a ce que nous voyons, entendons, sentons, interprétons et qui nous amène à réagir. Ainsi, nous aimons tel restaurant parce que l'ambiance nous plaît, le personnel nous convient et la carte n'est pas mauvaise. Inversement, nous n'aimons pas tel autre restaurant, bien que sa cuisine soit bonne, sa carte des vins correcte et ses prix abordables, parce que nous trouvons l'ambiance froide, les clients un peu trop bon chic, bon genre à notre goût. Rien ne dit d'ailleurs qu'un jour nous ne trouverons pas ce restaurant parfait parce que nous aurons admis une évolution dans l'ambiance. La perception du restaurant que nous avons au travers de nos cinq sens nous fait « sentir » une situation que nous seuls pouvons juger bonne ou mauvaise. De même que pour le restaurant, le client « perçoit » le supermarché. Sans s'en rendre compte, il va réagir à la lumière, au personnel, aux linéaires, au merchandising, à la musique. Il se sentira alors en milieu ami ou ennemi. Il aura envie d'acheter ou au contraire de vite se débarrasser de ses courses pour aller terminer ses achats ailleurs. Si le point de vente est à côté de son domicile et qu'il ne l'apprécie pas, soit il ira faire sa « cueillette » plus loin, soit il se sentira obligé de rester là et nourrira une haine féroce à l'endroit de l'enseigne. En vacances, c'est-à-dire dans une autre ambiance, dans d'autres horizons, rien ne dit que cette enseigne sera à nouveau fréquentée par ce même client.

Le merchandising, autrement dit l'art et la technique qui permettent de présenter les produits soit dans les grandes surfaces alimentaires soit dans d'autres types de magasin (sports, vêtements, électronique) n'est autre qu'un principe qui vise à donner une

« perception » de l'offre pour créer un comportement favorable à l'achat d'une marque ou d'un type de produits. Il est clair que lorsqu'on met la frustration d'achat au centre du dispositif, l'analyse des comportements des consommateurs face à la situation créée par la présentation des marques prend une importance capitale. Dans une civilisation d'hyperchoix, il faut finalement se demander quel est le nombre de produits maximum que l'on est autorisé à mettre sous les yeux du consommateur pour ne pas lui imposer une frustration maximum.

Mais les comportements du consommateur dans cette société d'hyperchoix ne s'arrêtent pas au point de vente, pas plus qu'au seul moment de l'achat. La frustration conséquente du fait de choisir s'exprime, comme le veut la théorie behavioriste, dans certaines situations. Il convient donc de lister ces situations, d'en saisir les perceptions pour comprendre l'amplitude, l'importance des frustrations, et ce pour les opérateurs.

■ L'EFFET D'ATTERRISSAGE

Les mécanismes du « perçu » sont aujourd'hui assez bien connus. D'abord, le consommateur perçoit naturellement. Par ses différents sens, il est en contact avec l'objet, la chose, le moment, l'événement, le lieu. Il entend, touche, voit, sent, il goûte aussi. Ensuite, en fonction de son éducation, de son âge, de son expérience, de sa condition, il interprète ce qu'il perçoit. Enfin, selon le moment et ce qu'il est ou représente, son cerveau fait une comparaison entre ce qu'il interprète (réalité) et ce qu'il souhaiterait ou encore ce que devrait être pour lui, dans l'idéal, ce qu'il perçoit (valeur).

Prenons l'exemple d'un consommateur qui a vu de nombreuses fois une publicité pour un produit. Il a une image probablement idéale de ce produit. Comme il est dans sa phase « consommateur », il fantasme peut-être sur ses formes, ses couleurs, son utilité, ses performances. En arrivant au point de vente, il voit ce produit au linéaire ou sur le comptoir. Inconsciemment, son cerveau va tracer le chemin qu'il y a entre l'image qu'il s'était faite du produit et ce qu'il voit en réalité. Il y aura là ce qu'il est convenu d'appeler un « effet d'atterrissage » ; la perception du client va atterrir de la « valeur » à la « réalité ». Il est clair que si l'effet d'atterrissage est négatif, le consommateur sera déçu. *A contrario*, on peut parfois avoir d'heureuses surprises.

Le « perçu » se situe donc entre ces deux pôles ; entre la réalité et les valeurs. La difficulté de l'interprétation des « perçus » tient au fait que chaque consommateur, selon sa culture, son appartenance sociale, son âge a une certaine idée de la façon dont les choses sont (réalité) et devraient être (valeurs).

■ PROFIT PAR PRODUIT OU PROFIT PAR CLIENT ?

Si nous prenons l'exemple d'un magasin de sports, l'objectif de ce dernier ne doit pas être de réaliser des bénéfices sur la vente d'un produit – bicyclette, raquette de tennis, chaussures de marche – mais bien sur tout ce que le consommateur est susceptible d'acheter pour lui et sa famille – matériel de sports, voire de vacances –, et plus largement sur tout ce qui l'intéresse, touchant de près ou de loin son sport favori ou le sport en général, et ce tout au long de sa vie. Le fait d'éliminer les frustrations, les désillusions de ce consommateur lors de sa fréquentation du magasin aboutira à ce qu'il achète tout ce dont il a besoin dans ce point de vente. Il en fera l'éloge, il pardonnera une grande partie des dysfonctionnements qui, qu'on le veuille ou non, se produiront un jour ou l'autre.

À l'opposé de ce type de démarche, on en rencontre actuellement une autre, notamment sur le marché de l'automobile. Il y a une cinquantaine d'années, les automobilistes se qualifiaient de peugeotistes, de citroënistes, etc. Ils faisaient confiance à leur marque et surtout, dans leurs régions, se sentaient aidés, supportés par leurs concessionnaires. Ainsi, toute la famille était fidèle à la marque représentée par le concessionnaire. Aujourd'hui, on remarque que dans une famille chacun a sa marque de voiture. Le concessionnaire a perdu son poids et sa garantie de « solutionneur de frustration ». Les automobilistes, dans leur grande majorité, sont devenus des subisseurs. Leur fidélité n'existe que lorsqu'elle est achetée par des promotions, des remises ou des reprises de leur véhicule d'occasion, etc. Ce faisant, les fabricants d'automobiles courent après leurs ventes. Ils créent des modèles, font des promotions et acceptent finalement que leurs clients leur soient infidèles.

D'aucuns pourraient arguer que le profit par client est ce que visent les entreprises appliquant ce genre de marketing traditionnel au travers de leurs stratégies de fidélisation et de satisfaction. Généralement, les stratégies de fidélisation dont il est question sont basées sur des cartes de fidélité ou des points bonus, le but recherché étant que le consommateur, par peur de perdre des avantages, reste fidèle à la marque. La technique consiste donc à créer une frustration pour conserver la fidélité du client. L'exemple le plus marquant est celui des compagnies d'aviation. Celles-ci achètent la fidélité de leurs clients en donnant des *miles*, lesquels permettent de gagner des voyages gratuits. En imaginant que la compagnie joue le jeu et offre effectivement des voyages gratuits aux jours et aux heures qui satisfont l'heureux élu (ce qui est loin d'être le cas), il n'en reste pas moins vrai que ce dernier se considère presque toujours, pour ne pas dire toujours, comme un subisseur. En d'autres termes, les cartes de fidélité ne rendent pas les clients fidèles ; elles produisent en fait des subisseurs dépendants.

■ *PRODUCT SWITCH LEVEL* (PSL)

Comme cela a été souligné précédemment, le choix est d'autant plus difficile, et donc frustrant, que le produit ou la marque que l'on va acheter a un cycle de vie long. Plus qu'une question d'implication envers le produit, c'est le degré de possibilité de changer de choix dans le temps qu'il faut prendre en considération. Depuis peu en France, on peut assez facilement changer de FAI. Les nouvelles lois permettent de garder le même numéro de téléphone tout en résiliant son contrat. Une telle disposition du législateur a pour conséquence de diminuer le niveau de frustration du consommateur ou, plus exactement, du subisseur. Puisqu'il peut changer, il peut se venger et garder la maîtrise de ses choix. En revanche, lorsque la consommatrice réalise qu'elle a fait un mauvais choix en achetant sa cuisine dans un magasin spécialisé – soit parce que le décor ne lui plaît plus, soit qu'elle s'aperçoit que le montage qu'on lui a fait ne lui paraît pas conforme avec l'image qu'elle a de la qualité –, sa frustration est exacerbée du simple fait qu'elle ne pourra pas changer cette cuisine avant des années. Si l'on met la frustration au centre du dispositif, il est patent que l'on doit tenir compte du PSL (niveau de résistance au marché) pour définir l'importance des investissements à mettre en œuvre afin de transformer le subisseur en client. Mais cette notion ne doit pas être la seule à prendre en compte. En effet, la transformation du subisseur en client sera d'autant plus difficile et coûteuse que :

- le produit ou la marque recélera par nature de lourdes contradictions (c'est-à-dire une capacité naturelle à créer des frustrations pendant et après l'achat) ;
- le produit sera impliquant et nécessitera une sortie d'argent importante pour l'individu ;
- le cycle de vie du produit sera très long, comme dans le cas d'une cuisine ou d'une automobile.

■ LA TRAÇABILITÉ DU CLIENT

Les moyens informatiques et les logiciels de traçabilité du client mis à la disposition des entreprises sont devenus des armes redoutables, pas seulement pour tenter de fidéliser le soi-disant client, mais surtout pour l'empêcher de faire d'autres choix vers d'autres marques ou d'autres distributeurs.

Prenons un exemple. Un jour, vous souhaitez envoyer des fleurs à votre mère ou à votre épouse alors que vous êtes loin à l'étranger. Internet est là pour vous sauver. À partir d'un site très bien conçu, vous pouvez choisir votre bouquet et ainsi réparer l'oubli que vous alliez faire en ne souhaitant pas une fête ou un anniversaire, etc. Ce que vous ignorez, c'est que grâce à votre commande, vous êtes entré dans le fichier de l'entreprise qui vous a vendu les fleurs. Vous allez dorénavant toutes les semaines recevoir sur votre ordinateur des messages pour que vous restiez client, pour que vous n'oubliiez pas de passer par ce site le jour où il vous faudra de nouveau offrir des fleurs. Si vous vous estimez être un client au sens de « zéro frustration », vous serez peut-être un peu agacé par l'insistance de ce fleuriste virtuel. Mais, dans l'ensemble, vous pardonnerez. En revanche, si vous êtes un subisseur, eu égard aux problèmes de livraison que vous avez rencontrés lors de votre commande, vous détesterez ce fleuriste. Il y a même de bonnes chances pour que vous le rayiez de vos fournisseurs.

La traçabilité de l'acheteur est donc une arme à double tranchant. Lorsqu'elle permet de communiquer avec un client, elle apporte des possibilités évidentes. Lorsqu'elle s'adresse à des subisseurs, elle produit l'inverse de ce que l'on espérait. Il est intéressant de souligner que cette traçabilité, pudiquement dénommée « *Customer Relationship Management* » ou encore « Gestion de la Relation Client », liée au développement d'Internet et du téléphone mobile, est aujourd'hui au cœur du marketing relationnel. En effet, on dispose de moyens extrêmement puissants et relativement économiques pour accéder de façon répétitive et continue à celui qui a choisi une marque, un magasin ou un service. Cette explosion du marketing relationnel s'appuie sur le fait que les entreprises se rendent compte dans cette société d'hyperchoix qu'il est apparemment plus rentable de fidéliser ses clients que d'en trouver de nouveaux.

Comment ne pas reconnaître que l'utilisation des fichiers donnant des informations objectives sur l'acheteur en termes de pouvoir d'achat, de cycle de consommation, de nature des produits achetés, de nombre de personnes au foyer est source d'une réflexion créative dynamique permettant de formuler et d'envoyer des offres promotionnelles ou des messages qui, à l'évidence, ont des chances d'intéresser. On ne compte plus les déclarations favorables à l'endroit de la pratique du CRM fournies par des entreprises qui déclarent à la cantonade que leur chiffre d'affaires s'est vu multiplié de façon notable grâce à leur stratégie de marketing relationnel. Il n'est pas question ici de s'opposer au marketing relationnel, mais plutôt de voir dans quelles conditions il peut être davantage efficace dans le cadre du marketing des émotions et dans l'objectif de mettre les frustrations du client au centre du dispositif.

■ LA NOTION DE COMMUNAUTÉ MARKETING

Tous ceux qui, de près ou de loin, réfléchissent au fonctionnement d'Internet vous affirmeront que cet extraordinaire moyen de communication ne donne sa pleine mesure que lorsque l'on considère l'acheteur ou le récepteur en termes de « communauté ». Selon Ferdinand Tönnies, la communauté traduit un regroupement d'individus reposant sur l'affect et la tradition. On peut aussi ajouter qu'une communauté n'est autre chose qu'un groupe d'individus partageant de mêmes émotions ou de mêmes intérêts aux mêmes moments. Ce faisant, les individus composant cette communauté ressentent naturellement le besoin de se regrouper, de se rencontrer, de communiquer. La question est de savoir si les subisseurs d'une entreprise forment une communauté de personnes ressentant une même frustration et si les clients, au sens zéro frustration du terme, forment également une communauté, mais cette fois de gens heureux et reconnaissants. Mais les techniques de CRM ou de traçabilité des clients ne semblent pas s'intéresser à cet aspect des choses…

Les communautés d'intérêt font souvent peur aux entreprises, surtout lorsqu'il s'agit d'individus qui s'agrègent pour manifester leur mécontentement. Généralement, ces communautés se regroupent en associations ou se voient défendues par des revues telles que *Que choisir* et *Soixante millions de consommateurs*. Au fond, on s'intéresse à l'individu sous l'angle de sa capacité à acheter, et non sous celui de sa capacité à militer pour la marque. En d'autres termes, on refuse le buzz marketing, c'est-à-dire l'art de faire en sorte que les clients deviennent des évangélistes et contaminent par leur transfert d'émotions positives des subisseurs d'autres marques concurrentes afin de les convertir à la marque.

Il est cependant évident que dans le cadre du marketing des émotions, qui place les frustrations au centre du dispositif, le fait que les clients se déterminent sous la forme d'une communauté et non plus sous celle d'individus isolés est l'une des clefs du succès de la fidélisation et de la conversion des utilisateurs subisseurs en clients. Attention, il ne s'agit pas de réaliser des sites communautaires comme le font certaines marques qui tentent d'asseoir leur image en créant des sites caritatifs ; il s'agit véritablement de déployer des efforts pour que les clients se sentent liés entre eux et défendent leur marque.

■ EST-IL POSSIBLE DE MARIER LE MARKETING TRADITIONNEL AU MARKETING ÉMOTIONNEL ?

Si l'on considère que celui qui achète un produit dans cette société d'hyperchoix n'est pas forcément un client, mais souvent un subisseur, si l'on partage l'idée que choisir ou être forcé de le faire crée de profondes frustrations chez le consommateur et, enfin, si l'on comprend que pour la plupart des entreprises l'essentiel est de transformer les utilisateurs subisseurs en vrais clients en leur faisant

© Chetochine Formation

la promesse d'un « zéro frustration », alors la question se pose de savoir comment marier le marketing traditionnel centré sur le besoin au nouveau marketing centré sur les frustrations de tous ordres et les émotions. Pour réussir ce mariage, il nous paraît essentiel de distinguer deux types d'entreprises, à savoir :

- celles qui fabriquent et vendent des produits « off service », c'est-à-dire des produits dont le cycle de vie s'arrête au moment de la consommation – comme les meubles, le café, les lampes électriques, certains produits de consommation consommables ou non sur des marchés B to C ou B to B ;
- celles qui fabriquent et vendent des produits « service-in », lesquels comportent automatiquement en leur sein une néces-

sité de suivi de service – comme les voitures, les chaudières de chauffage individuel, les billets d'avion, les machines à café, le petit comme le gros électroménager.

LES ENTREPRISES OFF SERVICE

Les entreprises qui livrent à leur marché des produits « off service » ont apparemment l'unique besoin de faire consommer leurs produits par le plus grand nombre. Dans les faits, les choses ne sont pas aussi simples. Ces entreprises doivent, pour conserver leurs consommateurs et être capables d'en conquérir de nouveaux, répondre aux impératifs suivants :

1. Lancer de nouveaux produits pour s'assurer d'une conquête de nouveaux marchés.

2. Se préoccuper des frustrations du consommateur liées à l'hyper-choix et à cette société qui l'a habitué à vivre dans le confort et dans l'absence d'effort (lire du même auteur *Le Blues du consommateur*) d'une part, et de la façon de distribuer les produits, d'autre part.

Pour ces entreprises, il n'y aura pas à proprement parler de grands bouleversements de la structure marketing. Il faudra, certes, que les directions marketing et le R & D s'attachent à comprendre les frustrations occasionnées par leurs produits pour proposer de meilleures solutions. Il y a là un champ incommensurable d'innovations possibles à partir de produits existants qui vont du téléphone portable aux GPS, en passant par les systèmes sans fil pour les ordinateurs ou les produits dont nous nous servons tous les jours. Prenons l'exemple, pour souligner ce point, de l'excellent produit Brita qui permet de filtrer l'eau du robinet afin d'avoir une eau pure et d'éviter ainsi d'acheter et de transporter des litres d'eau du supermarché à son domicile. Tout est parfait dans ce produit, sauf que le poids de ce filtre est tel que seuls les adultes peuvent s'en servir. C'est une grande frustration pour les seniors comme pour les enfants de ne pouvoir user de ce produit à cause de son poids. Lever cette carafe n'est pas aussi simple que le montre la publicité ! Il est certain que l'innovation viendra de la légèreté des nouveaux modèles.

Ces directions marketing devront aussi se soucier de la façon dont leurs produits sont vendus en magasin. Il s'agit là de se préoccuper des frustrations que peut provoquer un merchandising trop agressif dans le cadre d'une catégorie de produits.

LES ENTREPRISES SERVICE-IN

C'est probablement dans ce type d'entreprises que le mariage entre le marketing des besoins et celui des frustrations pose le plus de problèmes. D'un côté, le marketing doit vendre, promettre, faire rêver, communiquer. Il doit pour cela innover, répondre à de nouveaux besoins ou à des frustrations latentes, comme dans les cas précédents des entreprises « off service ». À ce titre, les techniques marketing restent les mêmes qu'auparavant. La seule différence vient du fait qu'il faut s'appuyer sur de nouvelles techniques de marketing « *research* » pour découvrir les frustrations.

D'un autre côté, dans le cadre des produits où le service est inhérent à l'offre consommateur, le marketing doit s'assurer que son entreprise apportera bien la garantie du « zéro frustration », permettant ainsi de transformer ses subisseurs en véritables clients au sens où cela a été expliqué précédemment. Il va de soi que les deux tâches sont difficilement compatibles. Quand bien même on pourrait imaginer une direction marketing supportant deux casquettes – l'une centrée sur le nouveau produit, l'autre sur la frustration liée au produit –, la question se poserait au niveau des investissements et du ROI.

Imaginons le marketing d'une compagnie d'aviation. Celle-ci devrait ouvrir de nouvelles lignes, acheter ou louer plus d'avions et communiquer sur son confort, son service à bord pour capturer de nouvelles parts de marché. Mais elle devrait aussi, dans le même temps, s'occuper des frustrations inhérentes au transport aérien.

Pour transformer ses subisseurs en clients, il lui faudrait investir afin que son service au sol se définisse par un « zéro frustration ». Ainsi, cette compagnie devrait se préoccuper des accès aux parkings ou posséder ses propres parkings pour éviter aux voyageurs de tristes crises de nerfs et une frustration sévère lorsque ces derniers annoncent complet. Bien évidemment, un système de surveillance radio lui permettrait de savoir si les routes et autoroutes menant à l'aéroport sont fluides ou encombrées pour prévenir le voyageur sur son téléphone portable que l'on a pris en compte cette péripétie et que, peut-être, on va lui donner un autre itinéraire. Elle devrait aussi multiplier les guichets d'embarquement pour que les passagers n'attendent pas, au départ comme à l'arrivée. En ce qui concerne l'embarquement, le service bagage et le passage en douane, la compagnie devrait aussi offrir des prestations gratuites d'assistance. Partout dans les aéroports, la compagnie pourrait proposer de transporter ses clients d'une porte à une autre dans des véhicules éclectiques afin qu'ils ne soient plus dépendants du personnel de l'aéroport pas toujours disponible. Il est évident que tous ces efforts coûteux créeraient une forte fidélisation à la condition, bien sûr, que le prix du billet soit du même montant que ceux des concurrents. Inévitablement, la compagnie se demanderait s'il vaut mieux miser sur un prix compétitif de ses billets ou sur de nouvelles lignes avec un service à bord correct, plutôt que sur une recherche du « zéro frustration » avant, pendant et après le vol.

En comparant le ROI d'une opération « zéro frustration » et celui d'une opération classique de marketing, rien ne dit que l'on ne préférerait pas continuer avec des « subisseurs ». Partant du constat cynique que toutes les compagnies sont logées à la même enseigne face au consommateur mouton, rien ne servirait de miser sur les frustrations pour améliorer ses ventes et fidéliser le subisseur. On continuerait alors à faire ce que l'on prétend être du marketing relationnel ; on bombarderait le voyageur d'offres en sachant pertinemment qu'au fond le voyage en avion n'est qu'une toute petite partie des vacances ou du voyage d'affaires. Il est inévitable que la concurrence ait un jour raison d'un tel raisonnement stratégique.

Cet exemple, volontairement exagéré, montre que la même personne ne peut pas défendre deux stratégies marketing sinon opposées, du moins de natures très différentes. Il faut à l'évidence un marketing de marché et un marketing de client.

Chapitre 5

Les remises en question du marketing de l'émotion

Si l'on admet que le marketing d'aujourd'hui est davantage un marketing de l'émotion que de la rationalisation, il n'est pas incongru de souligner que dans les pratiques quotidiennes des marketeurs certaines choses doivent impérativement changer pour mener la marque ou l'entreprise au succès.

■ L'ÉMOTION ET LE TEMPS

C'est un fait avéré : nous n'avons plus le temps. Sollicités de toutes parts par la télévision, Internet, le sport, les emplettes de tous types, le travail, les vacances, les amis, nos passions, les déplacements en voiture, en train, en avion, nous courons d'une étape de notre vie à une autre sans avoir le temps de nous poser là où nous le souhaiterions. Tout va vite, trop vite ! Avoir le temps, c'est peut-être le luxe que la plupart d'entre nous n'avons plus, même si nous sommes retraités.

Manquer de temps, c'est l'obligation, là encore, de faire des choix entre des tâches, des plaisirs, pour avoir un peu plus de temps à accorder à un plaisir, une recherche de satisfaction, ce qui nous manque cruellement. Dans ces conditions, deux frustrations importantes se font jour. D'un côté celle liée à l'hyperchoix et, de l'autre, celle liée au temps que nous voulons soit économiser, soit mieux gérer. Dans tous les cas, nous voulons un temps « actif » et non « passif », c'est-à-dire que nous ne voulons pas regarder passer les trains ou la pluie tomber ! Cette émotion liée au temps est comparable à celle que nous rencontrons lorsque nous devons choisir entre deux, trois, voire quatre produits. Là aussi nous devons choisir entre passer du temps dans un magasin, avec nos amis ou à nous adonner à notre hobby préféré. Néanmoins, lorsque nous devons choisir entre des produits, nous nous posons la question de savoir à côté de quoi nous passons en ne choisissant pas les autres options, mais cette frustration n'est souvent que passagère puisque nous pourrons, ultérieurement, essayer la marque que nous avions rejetée précédemment.

Lorsque nous faisons un choix dans l'utilisation de notre temps, les choses sont différentes ; nous ne pouvons pas revenir en arrière. Tout temps consommé est par définition perdu à tout jamais. Cela fait que nous ressentons sinon une angoisse, du moins le sentiment que nous n'avons pas le droit de nous tromper. Dit autrement, comme le temps nous est compté, nous sommes avares de cette denrée qui ne se stocke pas.

LE TEMPS ACCORDÉ AUX ACHATS

L'art de présenter les produits en magasin fait partie intrinsèque du marketing des émotions. Il n'est pas de grands ou de petits distributeurs qui n'aient compris l'importance de la création d'une ambiance adéquate pour accélérer le processus d'achat de ses clients. La chaîne Carrefour a été l'une des premières à parler de « théâtralisation de l'offre », soulignant par là la relation étroite qu'il peut y avoir entre le décor d'un magasin et l'envie d'y acheter. En d'autres termes, on est convaincu aujourd'hui qu'un bel écrin adapté au positionnement de l'enseigne met le consommateur en parfaite situation pour acheter plus. Les hypermarchés vont vers le beau, pendant que le hard discount donne une impression de rigueur et d'économie en offrant des magasins sinon spartiates, du moins suffisamment simples pour qu'on ait l'impression de faire des économies. Il n'y a en cela rien de vraiment nouveau.

Si le public aime à se déplacer dans des magasins qui lui plaisent ou qui correspondent à l'idée qu'il s'en fait, si effectivement les belles présentations de produits favorisent ses envies d'achat, il n'en reste pas moins vrai que la frustration et l'angoisse du choix restent présentes. À ces angoisses s'en ajoute une nouvelle, celle du temps passé et perdu à choisir. Lorsque la consommatrice va faire ses courses avec sa liste d'emplettes, on le sait, le but des distributeurs comme celui des fabricants est, d'un côté de la forcer à acheter plus en la tentant et en espérant provoquer chez elle des achats d'impulsion et, de l'autre, lui faire choisir la bonne marque, c'est-à-dire la plus intéressante pour le distributeur ou le fabricant. Ainsi, la promotion, le merchandising sont les leviers sur lesquels fabricants et distributeurs jouent quotidiennement pour augmenter les achats.

On observe que plus la consommation se modernise, plus les assortiments s'allongent, et plus le consommateur doit passer du temps à faire ses achats. Si l'on peut augmenter à l'infini le nombre de produits ou le nombre de marques, on ne peut, en revanche, imposer au consommateur qu'il passe plus de temps dans les magasins. Car passer trop de temps dans un magasin devient aujourd'hui un élément de frustration intense. Tous les distributeurs classiques s'enorgueillissent de l'offre et du choix qu'ils présentent dans leur magasin, la multiplication de l'offre leur apparaissant comme un élément différenciateur primordial. Bien évidemment, le consommateur ne va pas expressément se plaindre du choix. Mais il va se rendre compte que ce choix le ralentit et ronge le temps qu'il veut ou qu'il peut consacrer à ses achats. En d'autres termes, le consommateur à un temps défini pour faire ses achats dans un magasin, en fonction des achats qu'il veut faire. Dans les grandes surfaces alimentaires, par exemple, il ne souhaite pas perdre son temps devant trop d'offres qui ne lui servent à rien puisqu'il a déjà globalement une idée de ce qu'il veut acheter. Cela est d'autant plus vrai qu'il s'agit d'achats qui ne procurent pas de grandes émotions ; on est prêt à passer des heures au marché aux puces pour dénicher le lampadaire de nos rêves alors qu'on est à la minute pour acheter son paquet de cigarettes ou ses yaourts, son pain, sa viande.

Vendre dans un point de vente revient donc à se demander comment gérer au mieux, au sens « profitabilité » du terme, le temps accordé par le client. Cela consiste à dire, par exemple, que sur les 45 ou 50 minutes qu'un consommateur est prêt à passer dans un hypermarché, il faut tenter de lui faire passer un maximum de temps devant les linéaires où les produits ont une forte marge et le moins de temps possible devant les gondoles où les produits ne rapportent pas grand-chose, mais dont on ne peut pas se passer. On comprend bien qu'une telle approche remette en question les fondements classiques du merchandising comme les principes d'extension de gamme des fabricants. On ne peut plus aujourd'hui considérer que le consommateur est un individu qui se prête au jeu des distributeurs et des fabricants. Il est d'ailleurs intéressant de souligner que fabricants et distributeurs ont inventé le concept de « *category management* » sans jamais se préoccuper du temps qu'un consommateur veut et peut passer devant une catégorie de produits !

Ces notions de temps passé et de temps perdu se mesurent de façon très simple. Observons un consommateur qui entre dans un point de vente et demandons-lui combien de temps il pense devoir y rester. À sa sortie, qu'il ait acheté ou non, demandons-lui à nouveau combien de temps il a, selon lui, passé dans ce point de vente. Si l'on a pris le soin de noter effectivement le temps passé, on va remarquer que les clients qui se disent satisfaits de leurs achats sont ceux qui ont eu l'impression d'aller vite, c'est-à-dire d'avoir passé moins de temps que prévu. À l'inverse, ceux qui se sentent insatisfaits sont ceux qui ont eu l'impression de passer plus de temps que prévu. Lorsqu'on comparera objectivement les temps passés par les consommateurs, on constatera que, bien souvent, les satisfaits ont passé plus de temps que prévu, alors que les insatisfaits ont passé moins de temps que prévu. Cette expérience montre que le temps est une perception subjective qui procure dans notre cerveau des effets soit de plaisir soit de frustration. Les distributeurs de tous ordres (dans l'alimentaire et le non-alimentaire) doivent donc, dans leur marketing qui vise à organiser l'agencement de leurs points de vente, prendre en compte ce phénomène d'appréciation du temps accordé par le client. Ils doivent se rappeler cet adage populaire qui veut que passer une heure avec celle qu'on aime paraisse durer un instant, tandis que passer une heure avec une vieille tante paraît durer une éternité.

Bien évidemment, tous les distributeurs le savent : dans un point de vente, qu'il s'agisse d'une grande surface ou d'une petite boutique, les jours se suivent et ne se ressemblent pas. Les affluences de clients dépendent des jours de la semaine, des débuts et fins de mois ou de la météo, etc. Gérer le crédit temps/achat n'est donc pas chose facile dans ces conditions. Pour autant, si l'on veut mettre le client au centre du dispositif, il convient de développer des stratégies, notamment de flexibilité d'emploi, permettant là où il le faut et quand il le faut d'avoir le personnel suffisant pour ne pas dépasser le crédit temps/achat accordé par le consommateur. L'idée de légiférer pour autoriser l'ouverture de tous les magasins le dimanche déchaîne les passions en France. Le consommateur y est favorable, alors que différents syndicats ou lobbies s'y opposent. L'ouverture dominicale serait appréciée par le consommateur car elle permettrait une augmentation ou une amélioration de sa disponibilité de crédit temps/achat. Le distributeur se trouverait donc devant un client qui a plus de temps et qui pourrait flâner plus longtemps devant les rayons à forte marge. Il est certain qu'une telle disposition de la loi aurait pour inconvénient d'enlever du temps d'achat à ceux qui devront travailler ces jours-là...

LES RUPTURES DE TEMPS

Le consommateur vit très mal les ruptures de temps. Faire la queue au guichet, aux caisses, devoir passer par plusieurs caisses, changer de train, attendre la correspondance, être obligé de subir le temps des écrans de publicité trop long pendant le film du dimanche sont autant de ruptures de temps vécues comme des tortures inutiles et injustes. À ce titre, l'Administration est mal perçue du fait qu'elle s'octroie le droit de disposer du temps de l'usager. Il apparaît clairement que pour le consommateur ou le citoyen, le luxe, la liberté consiste à pouvoir disposer de son temps et éviter les temps morts ou encore les ruptures de temps. Si effectivement on veut mettre au centre du dispositif non plus les besoins, mais bien les frustrations du consommateur, il convient, partout où ce dernier se rend, de faire en sorte qu'il n'ait plus la sensation de subir le despotisme de ceux qui disposent à leur gré de son temps. C'est très certainement là que se trouve la vraie stratégie de service des entreprises vis-à-vis de leurs clients comme de leurs collaborateurs. Le directeur, le chef de service qui arrive en retard est considéré par ses subalternes comme le pire des despotes même si, par ailleurs, c'est une personne de qualité par le simple fait qu'il prend le droit de jouer avec votre temps.

Certes, le consommateur admet de faire la queue devant un magasin ou un cinéma, lors des soldes ou un soir de première. Il accepte dans ces cas-là de perdre du temps parce qu'en échange de ce temps, il y a une vraie récompense. C'est donc le rapport temps perdu/récompense qui doit être pris en considération lorsque, pour différentes raisons, on est obligé de « voler » du temps à ses clients. Faire la queue pour retirer son passeport en préfecture est considéré par le citoyen comme une torture, puisque le fait d'avoir son nouveau passeport n'est qu'un dû que la République se doit de fournir à ses citoyens. Le fait d'avoir un passeport renouvelé n'est pas une récompense, c'est une obligation ! Dans ces conditions, attendre est une atteinte aux libertés.

INTERNET, POUR GAGNER DU TEMPS

Alors que 80 % des nouveaux contrats d'assurances sont achetés sur Internet en Angleterre, seulement 20 % le sont en France. Alors que la banque en ligne fleurit au Royaume-Uni, la société EGG a dû déposer son bilan en France. Sommes-nous des retardataires définitivement fâchés avec la modernité ou les sites qu'on nous propose ne sont-ils pas suffisamment bien conçus pour que nous osions passer par le net pour effectuer nos contrats d'assurances ou nos transactions bancaires ? Tout le monde pense qu'Internet, c'est d'abord intéressant pour le prix. Sans aller jusqu'à prouver le contraire, Internet a d'autres fonctions particulièrement attractives dans la civilisation d'hyperchoix. C'est avant tout un moyen d'éviter toute une série de frustrations quotidiennes.

Mieux que le contrat de confiance de chez Darty, Internet permet d'avoir en un clic, sans perdre de temps, le prix de ce que l'on cherche. Rien ne dit que l'on achètera obligatoirement sur la toile, mais au moins, sans se déplacer, sans avoir à succomber au « baratin » des vendeurs, on aura une idée exacte du prix qu'il faut payer. Si l'on veut acheter une voiture en ligne, on n'aura pas besoin d'aller chez le concessionnaire le samedi, jour que l'on souhaite consacrer au vélo, à sa famille ou à discuter avec ses enfants. Mieux, on recevra le devis en moins de deux minutes. On pourra toujours, ensuite, aller discuter avec le concessionnaire. On aura quand même gagné du temps. Tout le monde aujourd'hui, de 7 à 77 ans, va sur Internet, mais pas pour les mêmes raisons.

Si jamais votre PC ou votre réception Internet prend trop de temps pour vous donner l'information que vous cherchez, il y a de fortes chances pour que vous abandonniez la tâche que vous avez entreprise et que vous passiez à autre chose ou à un autre site. Il est donc tout à fait logique que les fabricants s'ingénient à offrir des machines de plus en plus rapides et que l'on investisse des sommes colossales pour équiper tous les foyers de systèmes ultra-performants comme ceux offerts par la fibre optique.

LES DIFFÉRENTES GÉNÉRATIONS ET INTERNET

Mark Prensky est un grand spécialiste d'Internet, mais surtout de la formation à partir de cet outil révolutionnaire. De son point de vue, il y aurait face à Internet les jeunes générations, c'est-à-dire les *digital natives*. Ces jeunes, qui sont nés avec Internet, passent en moyenne aux États-Unis, par semaine, 10 heures devant leur ordinateur, 5 heures devant la télévision, reçoivent 200 e-mails, 500 publicités et échangent l'équivalent de 10 heures de téléphone portable, alors qu'ils passent moins de 5 heures à lire. On ignore encore l'impact de cette réalité sur le cerveau ; on ne peut pas dire si la forme virtuelle de l'information qu'ils reçoivent change ou non les bases de leurs comportements individuels ou en société. Mais on suppose pourtant qu'elle change leurs émotions. Leur cerveau reçoit des informations virtuelles (jeux, images) qui produisent des habitudes, des réactions, une perception du monde que l'on ne trouve pas en l'état et fréquemment dans la nature. Avec ces *digital natives*, devenus consommateurs d'aujourd'hui, mais surtout consommateurs de demain, il faut probablement changer de façon de communiquer les émotions.

On connaît leur intérêt pour la formation à partir des « *serious games* » ou des « *Digital Game-Based Learning* ». Ces nouveaux moyens, qui forment en faisant jouer sur Internet, donnent des résultats époustouflants, qui remettent en question les techniques classiques d'enseignement. Ceux qui ont seize ans aujourd'hui auront l'âge d'être des élus, des managers, des électeurs, des consommateurs dans moins de dix ans. Toléreront-ils encore le journal télévisé de tf1, les publicités que nous élaborons dans nos agences de pub, la façon dont nous vantons les mérites de nos présidents ?

D'un autre côté, il y aurait les générations qui ne sont pas nées avec Internet, que Prensky qualifie de *digital immigrants*. Ils savent se servir de la plupart des moyens que les technologies modernes mettent à leur disposition, mais ne sont pas naturellement préparés à la façon de recevoir l'information. Comparons la façon de penser de ces *digital immigrants* à celle des *digital natives*.

Digital immigrants	Digital natives
Vitesse normale de discours	Vitesse convulsive saccadée
Traitement linéaire	Traitement parallèle
Traitement pas à pas	Traitement aléatoire
Texte en premier	Art graphique en premier
Information pour le travail	Information pour s'amuser
Pour travailler seul	Pour être connecté
L'intelligence est hiérarchique	L'intelligence est dans les esprits jeunes

Le *digital immigrant* a besoin de recevoir le discours à une vitesse normale, alors que le *digital native*, lui, aime l'information saccadée sans verbe ni complément d'objet. Le meilleur exemple est sans doute celui donné par le hip-hop ou le rap. De la même façon, le *digital immigrant* ne comprend que le traitement linéaire de l'information ; il a besoin d'un début et d'une fin. Le *digital native*, en revanche, est capable de suivre une foule d'informations en parallèle sans ressentir le besoin d'une structure de pensée. Au niveau du traitement de l'information, le *digital immigrant* procède par une compréhension pas à pas des choses, alors que le *digital native* absorbe les choses de façon aléatoire. L'écriture, le texte est nécessaire au *digital immigrant* alors que le *digital native* se focalise d'abord sur l'émotion donnée par les couleurs, l'art graphique, les lettres qui dansent. Et tandis que le *digital immigrant* utilise les nouvelles technologies pour son propre bénéfice et pour travailler, le *digital native* ne cherche qu'à s'amuser et à se connecter avec les autres, même s'il ne les connaît pas.

Cette réalité pose et va poser des problèmes assez complexes aux marques et à leurs marketeurs. Les *digital natives* veulent, encore plus que leurs aînés, que les choses aillent vite pour profiter au maximum du temps actif. Les *digital immigrants*, eux, ont besoin de temps, mais veulent aller aussi vite que les *digital natives*. Dans l'élaboration, la création de la communication, et plus largement de la publicité, la question se pose de savoir qui sont les créatifs. La réponse est évidente : ce sont de plus en plus les *digital natives*. Dans ces conditions, que comprennent les *digital immigrants* aux publicités sur Internet, à la radio ou à la télévision ? Réponse : pas toujours tout. En d'autres termes, nous ne sommes pas égaux devant la communication. Cela ne veut pas dire qu'il faut une communication pour les *digital natives* et une autre pour les *digital immigrants*. Pour autant, il faut prendre en compte cette réalité.

Le psychologue S. Charles a montré, au cours d'une expérience, à des jeunes personnes et à des gens plus matures les mêmes images d'accidents d'automobile et de sourires d'enfants. Il a demandé ensuite aux uns et aux autres de dire ce qui les avait le plus frappés. Les jeunes, en grande majorité, ont signalé leur effroi devant les photos d'accidents, alors que les personnes plus âgées ont signalé leur plaisir d'avoir vu des sourires d'enfants. La démonstration est faite que plus on avance en âge, et plus on ne veut voir que de belles choses...

Chez les *digital immigrants*, l'intelligence est hiérarchique. C'est celui qui est au plus haut de la pyramide qui en sait le plus, et qui donc voit ce qu'il faut faire. Ainsi sont organisées aujourd'hui la plupart des entreprises. Dans les start-up comme Google, l'intelligence est dans l'esprit. Elle n'est plus la propriété des anciens ou de ceux qui se sont hissés au trentième étage de la tour, pas plus que de ceux qui sont habillés en costume gris, mais qui ne mettent pas de cravate pour faire jeune. L'intelligence, pour ces *digital natives*, est dans la rapidité, dans une façon nouvelle de reconnaître le bien et le mal, ce qui se fait et ce qui ne se fait pas. Il ne s'agit pas là d'un simple détail. C'est pour beaucoup un piège. La première victime de cette perception différenciée de l'autorité entre le *digital immigrant* et le *digital native* est probablement le président Nicolas Sarkozy. Voulant casser les codes et souligner sa volonté de rupture, il s'est comporté comme l'entendent les *digital natives*. Malheureusement pour lui, la majorité des Français sont encore des *digital immigrants* qui pensent que l'intelligence est au sommet de la pyramide et qu'elle porte cravate, veston et jamais de Ray-Ban.

Des vagues de *digital natives* et de *digital immigrants* vont inévitablement se succéder dans un futur proche. Aujourd'hui, la population née à partir de 1990 est constituée de *digital natives*. Une tranche née en 1973 représente des immigrants proches des *digital natives* et ceux qui sont nés en 1953 sont de purs *digital immigrants*. Ces strates de population composent la topologie du marché de la communication avec Internet. En 2020, une grande majorité des consommateurs seront des *digital natives*, ce qui changera les formes de communication tous médias confondus. Les *digital natives* vont vivre leur vie et leurs émotions communautaires sans perdre de temps : dans l'instant. Faute d'avoir été scouts, d'avoir fait leur service militaire, ils ont besoin de se créer des communautés. C'est à la fois leur famille, leur terrain de jeu et l'endroit où ils peuvent voter. Les Français sont champions du monde des musiques downloadées de façon illicite. C'est aussi leur fenêtre de liberté sur le monde. Naviguer, communiquer avec l'autre que l'on ne connaît pas, crée une émotion métaphorique incomparable. C'est une façon d'échapper aux émotions du présent proche : avec Internet, le futur, c'est maintenant.

Les *digital immigrants* vont, quant à eux, d'une manière très différente gagner du temps dans leur façon d'apprendre et de comparer les marques. Ils n'ont pas besoin de participer à des sites communautaires. Ils veulent, grâce à cet outil, gérer leur indépendance en regard du temps. De fait, il va bien falloir créer des sites pour les *digital natives* et d'autres pour les *digital immigrants*, sans bien évidemment que ces derniers se rendent compte qu'on les traite différemment, sans qu'ils prennent conscience qu'ils se raccrochent à une civilisation qui les dépasse.

■ LE TRANSFERT D'ÉMOTION OBÉIT À CERTAINES RÈGLES...

On imagine souvent, lorsqu'on veut créer de l'émotion, qu'il suffit de faire des publicités avec des enfants, des oiseaux, des fonds marins, une belle musique et des visages heureux. Ce sont là des recettes bien connues, utilisées dans la plupart des publicités qui ont pour mission de nous émouvoir et de nous faire aimer une marque. Nous avons, par exemple, tous en mémoire la publicité de cette grande compagnie d'assurances nous montrant l'histoire d'une vie, de la naissance à la retraite, sur un fond musical émouvant, de belles images, des gens heureux, le tout pour nous assurer qu'elle pense à nous et fait tout pour nous protéger à chaque étape de notre vie. Nous nous souvenons aussi des images de cette crème dessert, onctueuse, préparée à l'ancienne par une ravissante et angélique fermière dans un décor de cuisine du terroir. Même si les consommateurs sont nombreux à trouver ces publicités belles et agréables, la question se pose de savoir si effectivement elles transmettent une émotion durable qui leur fera changer de comportement, de point de vue et de marque. Le consommateur est-il toujours dupe, se laisse-t-il vraiment émouvoir par n'importe quel bon sentiment publicitaire ? La vérité est que certaines de ces publicités nous touchent, alors que d'autres nous laissent de marbre. Pourquoi ? Parce que le transfert d'émotion obéit à des règles précises.

PREMIÈRE RÈGLE : CRÉER UNE VRAIE COMPASSION

Pour qu'il y ait transfert d'émotion lors de l'apparition d'un message publicitaire à la télévision, à la radio ou dans la presse, il faut que le message nous implique. Il ne suffit pas que nous ayons la chair de poule, le souffle coupé par l'image, le son, les phrases pendant quelques millisecondes. Il faut en outre que nous partagions cette émotion, c'est-à-dire qu'elle s'intègre à notre vie, à nos habitudes, en un mot à ce qu'il y a de plus profond en nous.

Sébastien Bohler souligne dans son livre *La Chimie de nos émotions* que ce sont probablement les mécanismes de la compassion qui font que nous sommes à même de partager collectivement ou individuellement une émotion de joie ou de tristesse. Que se passe-t-il en réalité ? La compassion résulte, d'après lui, de la capacité de l'être humain à imiter. Cette capacité repose sur les neurones miroir, lesquels nous permettent, par exemple, de transmettre nos connaissances. Un artisan enseigne son savoir à un apprenti parce que ce dernier observe son maître et répète ses gestes. Les zones du cerveau commandant, les mains de l'élève s'activent en voyant bouger les mains de l'artisan.

Lorsque nous voyons une personne pleurer, nous commençons souvent à sentir les larmes nous envahir, simplement par la mise en route de nos neurones miroir. Heureusement pour nous, il existe aussi dans notre cerveau des zones dont la mission est d'établir des frontières entre soi et autrui. Sans ces zones frontières, nous serions perpétuellement émus par toutes les misères du monde qu'on nous montre ou dont on nous parle. Pour que l'émotion nous transperce l'âme, on peut avancer l'hypothèse suivante. Dans un premier temps, nos neurones miroir s'activent, nous imitons le personnage que nous voyons, puis dans un second temps nos zones frontières laissent la compassion nous submerger.

DEUXIÈME RÈGLE : FAIRE REMONTER LES ÉMOTIONS QUI IMPLIQUENT

On le sait aujourd'hui, notre cerveau ne stocke pas d'images. Il ne semble pas y avoir d'ères cérébrales dont l'objet serait de conserver des images pour l'éternité ou pour l'instant. Les images, d'après Damasio, se reconstruisent à partir de différents stimuli que nous recevons par les yeux, les oreilles, le nez, le toucher et qui vont exciter des activités neuronales. Pour que la reconstitution de l'image d'une chose à laquelle on pense se produise, il faut que plusieurs représentations potentielles viennent stimuler les cortex visuels ou auditifs de notre cerveau. Si vous regardez une carte postale de votre village datant d'une centaine d'années ou si en rangeant vos affaires vous tombez en arrêt sur une photo de fin d'année de votre école primaire, votre cerveau va automatiquement se souvenir de détails, de copains oubliés et vous ressentirez qu'une émotion parvient à votre cerveau, puis inonde votre corps, stimulant un rythme cardiaque différent, une gorge qui se resserre, voire des larmes. Mais attention, il faut que la photo ou la carte postale vous implique. Sinon, aucune véritable émotion ne passera la zone frontière. En d'autres termes, si l'on vous demande de penser à la maison où vous avez vécu avec vos parents, vous construirez des images plus ou moins exactes de ce qu'était cette maison. En revanche, si vous rentrez dans cette maison et si vous y retrouvez une odeur qui vous a marqué lorsque vous étiez enfant, alors l'émotion surgira. Bien sûr, on peut jouer sur les souvenirs pour créer des émotions, mais ces stimuli doivent obligatoirement vous impliquer.

En mai 2008, les médias n'avaient de cesse de remémorer aux téléspectateurs les événements de mai 68. Peut-être certaines personnes qui avaient vingt ans à cette époque se sont-elles senties concernées. Mais cela n'a pas été le cas des jeunes étudiants qui ne pouvaient, en regardant les images qu'on leur montrait, formuler des émotions.

TROISIÈME RÈGLE : PARLER AU CERVEAU REPTILIEN

Si l'on place dans une grande surface une palette pleine de produits comme des boîtes de conserve, des paquets de gâteaux biens empilés, automatiquement les clients vont se précipiter vers cette exposition pour prendre une ou plusieurs boîtes. Cette tête de gondole est en fait émotionnelle. Elle parle au cerveau reptilien. Ce dernier est, entre autres, programmé pour stocker et se nourrir. La vue d'une masse de produits déclenche alors un réflexe émotionnel de stockage qui conduit le client à prendre le produit. On pense toujours que cette palette incite à l'achat parce que le prix des produits qui y sont présentés est moins cher que le prix du même produit en rayon. L'expérience montre qu'il n'en est rien. Si l'on met les mêmes prix en rayon et sur la palette, c'est bien la palette qui vendra le plus. Il est difficile, lorsqu'on fait un régime, de résister à une pile de petits fours, et plus facile de résister s'il n'y a que quelques petits fours sur une grande assiette. Les traiteurs connaissent bien ce principe.

QUATRIÈME RÈGLE : JOUER SUR L'ÉMOTION « MÉMÉTIQUE »

La rumeur a toujours existé. Ce qui change aujourd'hui, c'est qu'elle se propage à la vitesse de la lumière eu égard au fait notamment qu'Internet et le téléphone mobile sont là pour favoriser, d'une part la vitesse de propagation de l'information et, d'autre part, donner la possibilité à quiconque d'émettre une rumeur et de la véhiculer à moindre frais en restant tranquillement chez soi. On sait que la rumeur est créatrice d'émotion et influe sur nos comportements. Elle permet ainsi de condamner des personnes, des produits, des entreprises, en manipulant l'inconscient collectif. Les procès stalinien, l'Inquisition, les tribunaux populaires durant la Révolution française ont montré comment on pouvait déclencher des émotions et des passions collectives engendrant la haine, permettant alors de supprimer ceux qui ne pensaient pas comme il le fallait. Plus les moyens d'information vont se multiplier, plus ils vont être simples d'utilisation et efficaces, et plus ils vont permettre à tout un chacun de participer à la création de rumeurs comme de contre-rumeurs.

Dans son show télévisé du 25 avril 2008, le président Nicolas Sarkozy reconnaissait devant le peuple français avoir fait une grave erreur de communication en employant le terme « paquet fiscal » pour désigner sa réforme de juillet 2007 visant à donner la possibilité aux salariés de faire des heures supplémentaires défiscalisées, de ne pas payer d'impôt sur leur crédit immobilier et d'éviter de payer des droits de succession trop importants. Le président se sentait obligé d'aborder ce thème du « paquet fiscal » parce que tous les sondages montraient, outre les critiques de l'opposition, que les Français n'avaient pas compris le sens de cette réforme et surtout qu'ils la considéraient comme une réforme ayant épuisé les moyens financiers de l'État pour le seul bien de quelques privilégiés. Il n'était pas de conversation de salon ou de café qui ne fasse allusion à ce paquet fiscal véhiculant l'idée que le président avait fait tout cela pour favoriser ses amis riches et fortunés. Le terme « paquet fiscal » et son corollaire de rumeurs ne sont pas une erreur, mais bien un effet « mémétique ».

Il nous faut faire un rapide retour sur les ouvrages de Richard Dawkins et Richard Brodie pour comprendre la signification du mot « mème ». Imaginons un orphelin japonais de douze mois adopté par une famille française. Il n'entend que la langue de ses parents adoptifs et ne parle pas un mot de japonais. Si sa structure ADN lui confère une hérédité, celle de ses parents génétiques, pour autant ce jeune Japonais de naissance, imbibé de culture française, va se comporter comme un vrai « Gaulois ». Sa personnalité composite va être constituée, d'une part du patrimoine génétique hérité de ses parents et, d'autre part, du patrimoine culturel hérité de ses parents adoptifs. Dawkins, au travers de ses différents travaux, avance l'hypothèse que notre cerveau, et donc nos émotions se forment à partir d'éléments qu'il désigne sous le nom de « mème ». Pour lui, le mème est une sorte de train ou de paquet de signaux comparable à un gène (paroles, gestes, images) qui entre dans notre cerveau et en modèle nos comportements. Mais là ne s'arrête pas la propriété du mème, qui a la particularité de se propager d'un individu à l'autre, d'être contagieux. Le jeune Japonais, maintenant « Gaulois », sait qu'il ne faut pas « vendre la peau de l'ours avant de l'avoir tué ». Il ne sait pas d'où cela lui vient ni qui le lui a dit, mais cette phrase, ce mème, qui conditionne sa façon de faire du commerce et de se comporter face à un choix, il l'a reçu par contagion et le transmettra à sa descendance.

Qu'est-ce qui fait qu'une phrase, un geste, une expression de communication, un produit, une chanson peut devenir un mème ou rester tout bonnement quelque chose que l'on va oublier rapidement et qui ne se propagera pas, et surtout ne changera pas nos comportements ? Pour qu'un signal soit « mémétique », il faut qu'il corresponde à une émotion qui active soit notre cerveau reptilien soit notre cerveau limbique. En 1960, la minijupe arrive sur le marché mondial d'un jour à l'autre. Partie d'une petite boutique inconnue de Chelsea à Londres, elle fait rapidement le tour du monde. Toutes les femmes en portent. Pourquoi cet engouement ? Avec l'arrivée de la pilule contraceptive, c'est la libération des mœurs. Les femmes anglaises, libérées de la crainte de tomber enceintes, exposent sans aucune honte ce qui a toujours ému l'homme dans sa fonction reproductive, à savoir de belles et longues jambes, et un charmant postérieur. C'est là une façon de narguer, d'aguicher les hommes. La minijupe devient en réalité la meilleure publicité pour la pilule contraceptive. Le produit se propage, contamine bientôt tous les pays. C'est un mème, puisque cette minijupe change nos comportements et s'autopropage. Observons que la minijupe existait bien avant 1960. Les Grecs en portaient et dans les opéras d'Offenbach on pouvait voir de magnifiques Naïades vêtues de cette façon. Pour autant, il ne serait venu à l'idée de personne de se promener dans la rue avec cet accoutrement, le contexte n'y étant pas propice. De même pour le 4 x 4. Il existait depuis longtemps, mais il a fallu la guerre du Golfe pour que le monde entier adopte ce véhicule dont on cherche encore l'utilité. Peu importe, l'émotion est là. Cela s'explique par le simple fait qu'en 1990, le contexte était favorable au développement du 4 x 4.

Qu'entend-on alors par contexte favorable ? Notre cerveau reptilien, dont les fonctions sont simples – procréer, se nourrir, combattre, fuir, dormir – est toujours en attente, à la recherche d'une émotion. Lorsque la pilule arrive, il est franchement sollicité par cette possibilité nouvelle qui lui est donnée de copuler sans problème. La minijupe appuie en quelque sorte sur le bon bouton du cerveau reptilien des femmes comme des hommes. Pendant la guerre du Golfe, que l'on croit être une guerre terrible, notre cerveau reptilien pense au combat. On nous dit que l'armée irakienne est la plus forte du monde. On nous dit que les Irakiens possèdent l'arme nucléaire, alors le 4 x 4 appuie sur le bon bouton du cerveau reptilien des Occidentaux : celui de la défense.

Revenons à Nicolas Sarkozy et à son paquet fiscal. À l'encontre de ce que l'on peut imaginer, il n'y a pas eu de faute de communication ; tout simplement le mot, le concept « paquet » est devenu un mème. Les Français croyaient que les réformes se feraient sans problème et sans douleur. Ils avaient une confiance aveugle en leur nouveau président qui leur avait promis qu'il ferait des miracles pour eux. Mais ce dernier eut l'imprudence de dire lors d'une conférence de presse que les caisses du pays étaient vides et que, de plus, il n'avait aucun moyen de faire avancer les choses. D'un seul coup, les cerveaux reptiliens ont pris peur. Ils se sont imaginé qu'ils allaient manquer de quoi vivre, de quoi manger. Dans un réflexe de protection tout à fait naturel, ils ont montré du doigt le paquet fiscal qui, d'après eux, était la raison pour laquelle les caisses étaient vides. Le mot a excité les cerveaux reptiliens ; il s'est propagé, a changé les comportements des citoyens. En disant « les caisses sont vides », Nicolas Sarkozy a créé le contexte et appuyé sur le bon bouton pour déclencher « les cerveaux ». En d'autres termes, on invente des modes, des comportements nouveaux en lançant des mèmes qui, à un moment donné, déclenchent « le cerveau » au travers d'une émotion simple qui correspond à ses besoins de survie.

Le cerveau reptilien du jeune Japonais adopté par des parents français est convaincu qu'il ne faut pas vendre la peau de l'ours avant de l'avoir tué. Cette idée est en fait un moyen de protéger son cerveau reptilien de la tentation de vendre la peau de l'ours avant de le tuer, ce qui nous arrive fréquemment lorsque nous croyons avoir réussi une affaire, un examen, une conquête. La mise en garde de ce dicton appuie sur le bon bouton du cerveau « sécurité » et devient un comportement de prudence dans la vie.

Si l'on accepte cette théorie des mèmes, on comprend que, pour véhiculer des émotions, il faille créer des mèmes au travers de mots, d'images, de produits qui, à un moment opportun, appuient sur le bon bouton du cerveau.

CINQUIÈME RÈGLE : RESPECTER LE TRIANGLE DES ÉMOTIONS

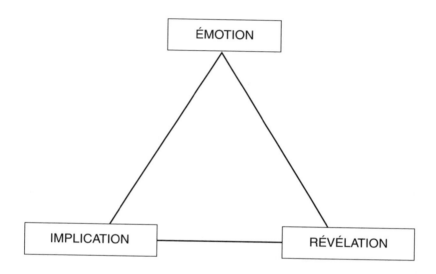

Pour que le message émotionnel que la marque veut faire passer ait un effet, il faut aussi qu'il accomplisse simultanément trois tâches, à savoir : créer de la compassion, impliquer et révéler.

Pour tenter d'expliquer ce triangle, prenons l'exemple du tsunami de Sumatra survenu le 26 décembre 2004. Nous étions alors, pour la plupart d'entre nous, en famille dans une ambiance très particulière, celle de Noël. Les familles se retrouvaient, on faisait la trève, on s'aimait, l'émotion était naturellement invitée dans tous les foyers, les enfants en étaient les premiers vecteurs. Et soudain, sans prévenir, les télévisions du monde entier nous ont montré l'horreur du tsunami. Nous avons été interpellés, émus au plus profond de nous-mêmes. L'émotion a pris ce jour-là une intensité jamais encore ressentie. Nous avons vu la vague, la mer immensément puissante.

Ces images ont directement parlé à notre cerveau reptilien qui s'est mis en alerte. Certains ont revu des images de la Bible ou de Jonas, tous ont ressenti l'impuissance de l'homme devant la mer, la nature en furie.

Mais l'émotion a encore grandi quand nous avons appris que ces malheureux, balayés par les flots, étaient des gens comme nous, des touristes venus en famille et dans la joie passer leurs vacances de Noël. Certains d'entre nous ont été d'autant plus impliqués qu'ils connaissaient ces lieux qu'ils avaient déjà fréquentés à l'occasion d'autres vacances, d'autres Noëls. Nous nous sommes alors sentis « impliqués », concernés par les scènes qui se déroulaient sous nos yeux par caméras interposées. Impliqués veut dire que nous avons fait nôtre cette tristesse, cette peine, ce deuil. La distance entre l'événement et nous-mêmes s'est réduite à rien. Tout se passait comme si nous étions là-bas ou comme si l'un de nos proches s'était trouvé dans ce piège. Cette émotion et cette implication ont déclenché en nous une « révélation ». Nous avons subitement compris qu'il fallait faire quelque chose. Les dons ont afflué vers les associations caritatives comme jamais. On connaît la suite.

Onze mois après ce tsunami, une dépêche de presse donnait l'information suivante : « *Le 8 octobre 2005 à 3 h 50 en temps universel a eu lieu à l'est de Srinagar, au Cachemire indien, près de la frontière entre l'Inde et le Pakistan, au nord-est d'Islamabad un séisme d'une magnitude de 7,6 d'après l'Institut géologique américain et le Réseau national de surveillance sismique de Strasbourg et de 7,8 selon l'Agence météorologique japonaise. Le tremblement de terre a frappé principalement le nord de l'Inde, le Pakistan et l'Afghanistan. Les experts japonais, qui craignaient d'importants dégâts, ont écarté le risque d'un tsunami. Les témoignages en provenance des trois pays laissaient craindre un nombre de victimes très élevé : on l'estimait au 11 octobre 2005 de 30 000 à 40 000 sinistrés. Au 1er novembre, le bilan provisoire a dépassé les 75 000 victimes.* »

Les télévisions du monde entier ont alors distillé des images intolérables d'êtres humains sans toit, sans aide, sans rien, transis de froid et en proie aux épidémies. Les commentaires, les images ont sensibilisé tout un chacun sur cette situation aggravée par l'arrivée de l'hiver. Pour autant, bien qu'ému, le reste du monde, notre monde riche, ne s'est pas trouvé impliqué. Les gens que l'on voyait étaient malheureux, certes, mais ils étaient loin de nous. Impossible de nous identifier à eux dans ces images d'un autre monde. Ces gens étaient dans une situation catastrophique, mais ce n'était pas comme pour le tsunami : ils ne nous ressemblaient pas. Contrairement au tsunami de 2004, il n'y a pas eu d'implication, donc pas de révélation... et les dons ne sont pas arrivés. Cela s'explique par le fait que le triangle de l'émotion n'a pas été respecté. Il y a eu de l'émotion, mais elle n'a pas été suffisamment impliquante pour que la révélation se produise.

Le Téléthon est probablement l'une des opérations caritatives qui produit le plus d'émotion, d'implication et par là même de révélation. On peut mesurer l'amplitude de l'émotion au regard des dons offerts par les téléspectateurs. Dans ce cas précis, le triangle des émotions fonctionne de façon parfaite. Ici, c'est l'enfant et sa maladie qui émeuvent. Le désir de sauver ces victimes du manque de chance qu'elles ont, implique chacun de nous et nous amène à réagir. Dans le cas du Sidaction, le total des dons ne semble pas aussi important que celui du Téléthon. Cela est probablement dû au fait que, malgré une grande mobilisation des médias, le centre émotionnel concerne cette fois l'adulte et plus l'enfant. Bien que nous soyons tous concernés par cette affreuse maladie, nombreux sont ceux qui ont de grandes difficultés à vouloir se laisser impliquer, et par le fait ne ressentent pas le besoin d'envoyer des dons.

SIXIÈME RÈGLE : L'ÉMOTION N'EST PAS QUE RÉACTION, ELLE EST AUSSI DÉCISION

On pense toujours que les émotions sont uniquement des réactions. Mais observons l'exemple suivant. Aujourd'hui, vous rencontrez par pur hasard un ami dans la détresse, malade, dans une petite voiture d'infirme. Il vous raconte son histoire, son accident, sa maladie, la perte de son emploi, son divorce, etc. Comme c'est un vrai ami, vous êtes remué au plus profond de vous-même. Cet ami était comme vous, même promotion, même âge ; vous vous sentez impliqué. Vous allez alors faire quelque chose pour lui : soit tenter de lui trouver du travail, soit l'inviter chez vous pour un week-end, ou encore lui recommander l'un de vos amis, médecin fameux, qui pourra peut-être le guérir. Si vous aviez rencontré cet ami hier ou demain, rien ne dit que l'émotion que vous avez ressentie aurait produit les mêmes comportements.

Dans son ouvrage *Contribution to Emotion Research and Theory*, qui devait changer la façon de percevoir les émotions, Magda Arnold introduit la notion d'évaluation (*appraisial*) d'une situation. Selon elle, le cerveau doit d'abord évaluer la situation et décider si elle est potentiellement bénéfique ou néfaste pour l'organisme. Par la suite, le cerveau opte pour une action conséquente avec son évaluation. C'est alors seulement que l'émotion émerge de cette prise de conscience de l'action d'approche ou de retrait. Tout revient donc à dire que le cerveau évalue constamment et définit si les signaux qu'il reçoit lui sont favorables ou défavorables. En ce sens, l'émotion est bien une décision. Revenons à l'ami que vous avez rencontré. Sa chaise roulante, la description de ses malheurs sont autant de signaux que vous évaluez, puis que vous interprétez, pour enfin prendre une décision comme : l'inviter ou ne pas l'inviter. L'évaluation de ces signaux dépendra de votre état mental du moment.

Magda Arnold propose aussi une autre idée, qui voudrait que notre expérience, notre vécu, notre éducation confèrent à notre cerveau des données lui donnant les moyens de cette évaluation. Si vous avez déjà rencontré des personnes ayant vécu des situations similaires à celle de votre malheureux ami, il est probable que vos émotions seront différentes de celles d'une personne qui est confrontée à un tel problème pour la première fois.

Tous les scientifiques ne sont pas forcément d'accord avec la thèse de Magda Arnold. Depuis toujours, la nature de ce que nous appelons les « émotions » n'a cessé d'être débattue. Plusieurs explications ont en effet été proposées pour décrire par quel processus un stimulus particulier va produire une émotion consciente chez un individu. C'est William James qui a véritablement lancé le débat en 1884 avec la publication de son article « Qu'est-ce qu'une émotion ? », dans lequel il se demandait si l'on s'enfuyait d'un ours parce que l'on avait peur ou bien si l'on avait peur parce que l'on s'enfuyait. Pour lui, la première alternative, la plus évidente, n'était pas la bonne. Au contraire, il affirmait que nous ressentons la peur justement parce que nous avons cette réponse de fuite. La solution de James au processus menant à l'émergence d'une émotion s'appuyait sur l'observation que les émotions s'accompagnent de phénomènes viscéraux divers (accélération de la fréquence cardiaque, mains moites, muscles tendus, etc.). Pour lui, ces processus viscéraux surviennent en premier, et c'est seulement lorsque le cerveau en prend conscience que naît l'émotion correspondant aux modifications corporelles propres à telle ou telle situation.

Cette conception des émotions fit autorité jusqu'à ce qu'elle soit remise en question dans les années 1920 par le physiologiste Walter B. Cannon. Celui-ci avait observé que les réponses corporelles devant une situation décisive pour la survie étaient très similaires et toutes sous contrôle du système nerveux autonome. Comme toutes les émotions, selon Cannon, avaient cette même signature du système nerveux autonome, elles ne nécessitaient pas que le cerveau « lise » quoi que ce soit à travers le corps. Les émotions étaient, selon lui, produites entièrement dans le cerveau.

Durant le règne du behaviorisme, qui marqua tout le milieu du XXe siècle en psychologie, il y eut très peu d'efforts pour expliquer ce qui donnait naissance à nos émotions. Celles-ci étaient considérées, comme tous les autres processus mentaux d'ailleurs, comme des concepts non nécessaires, voire à éradiquer dans l'étude scientifique des comportements. Mais, au début des années 1960, Stanley Schachter et Jerome Singer proposèrent une nouvelle solution au débat James/Cannon. Influencés par l'émergence des sciences cognitives, ils considéraient que la cognition (ou la pensée) pouvait combler le fossé qui semblait exister entre la non-spécificité de la rétroaction de la réponse viscérale et la spécificité des émotions ressenties. Sur la base d'informations relatives au contexte dans lequel nous nous trouvons, notre pensée attribuerait à l'état viscéral modifié une étiquette de peur, d'amour, de colère ou de joie. En d'autres termes, une émotion surgirait lorsque nous donnons, grâce à nos capacités cognitives, une explication à des signaux corporels ambigus. Plusieurs chercheurs comme Richard Lazarus ont par la suite montré que l'interprétation d'une situation influence fortement l'émotion ressentie.

L'évaluation allait devenir la pierre angulaire de l'approche cognitive des émotions qui prévalut jusqu'aux années 1980, une approche qui tendait à diminuer la distinction entre les émotions et la cognition. Mais cette distinction allait rejaillir grâce à un article de Robert Zajonc qui montrait que les émotions peuvent être indépendantes de la cognition et peuvent même exister avant toute activité cognitive. Il y rapportait des expériences où ses sujets étaient exposés très brièvement à de nouveaux stimuli (par exemple un idéogramme chinois). Il leur demandait par la suite de choisir parmi plusieurs idéogrammes ceux qu'ils préféraient et constata que les idéogrammes auxquels ils avaient été exposés étaient presque toujours choisis (illustrant par là une émotion positive de préférence). Or, la pré-exposition était toujours subliminale, de sorte que les sujets n'avaient même pas le souvenir conscient d'avoir déjà vu l'image en question. Ces résultats allaient clairement contre l'idée, alors répandue, que nous devons savoir consciemment ce qu'est une chose avant de pouvoir déterminer si nous l'aimons ou pas. Ils ouvraient ainsi la voie aux études sur la perception inconsciente et sur la recherche contemporaine sur les émotions, qui considère que nos réactions émotives peuvent survenir en l'absence de la conscience explicite d'un stimulus.

SEPTIÈME RÈGLE : PRENDRE EN COMPTE LES QUATRE GÉNÉRATIONS D'ÉMOTION

Toute personne qui pratique le marketing ou qui l'enseigne prend en compte (et comment faire autrement ?) le concept de segmentation du marché. Il s'agit de ranger les cibles de consommateurs au travers de critères de natures différentes comme le lieu d'habitation, la profession, les revenus, le nombre d'enfants au foyer, etc. Pour autant, ce principe de segmentation ne prend pas en considération les émotions en fonction des générations. Certes, on tient compte dans les études des typologies d'attitudes que nous procurent les études qualitatives, mais il ne semble pas que les fabricants, les distributeurs, les publicitaires se soucient véritablement de la relation émotion/génération pour élaborer leurs stratégies de communication. Si l'on considère le point de vue de Magda Arnold et si l'on estime, tout comme elle, que les émotions sont reliées à notre expérience, alors il nous faut intégrer cette notion dans le processus de segmentation.

Selon Alain Levesque, William Strauss et Neil Howe, il faut prendre en compte au moins quatre générations d'individus dans cette segmentation. Nous avons ainsi, peut-être pour la première fois dans l'histoire de l'humanité, les seniors, les baby-boomers, la génération X et la génération Y qui cohabitent dans nos magasins, devant nos écrans de télévision, etc.

Les seniors (1901-1946) ont en commun l'histoire des deux Guerres mondiales. Ils ont ressenti l'émotion de la patrie, du drapeau de la victoire, de la défaite. Ils ont en mémoire le sacrifice de leurs pères, de leurs mères, de leurs oncles, de leurs frères, ce qui les amène à respecter les traditions, à chérir les exemples de l'oubli de soi et l'importance de la morale et de l'éthique. Pour eux, la Marseillaise, Line Renaud, De Gaulle sont des sources incontournables d'émotion. Ils aiment les grandes manifestations populaires. Ils réagissent rapidement à tous les inputs positifs ou négatifs qui leur rappellent ces moments qu'ils ont vécus lorsqu'ils étaient jeunes.

Les consommateurs nés entre 1934 et 1940 ont en mémoire vive la Seconde Guerre mondiale, la bataille de Stalingrad, Diên Biên Phu (1953, 1954) et la guerre d'Algérie. Cette génération a grandi avec le petit commerce – le boucher, l'épicier –, le centre-ville, l'église du village ou du quartier, la radio plus que la télévision, les journaux et le café du commerce.

Les baby-boomers (1943-1958) représentent la génération d'après-guerre, qui a vécu dans un climat économique très favorable. Cette génération pourrait aussi être qualifiée de « génération marketing » car elle a vu déferler les nouveaux produits, les hypermarchés, les promotions, les commerces de périphérie. Alors que pour la génération précédente les choses étaient plus lentes, les baby-boomers, eux, vont connaître la vitesse, et en tout. La plupart d'entre eux bénéficient de revenus « confortables ». Si l'accès à l'enseignement supérieur s'est fait dans les mêmes proportions pour les 45-49 ans et les 50-54 ans, les seconds gagnent mieux leur vie que les premiers. Au sein de la population française, c'est même cette tranche d'âge qui bénéficie des revenus les plus élevés – ils sont supérieurs de 38 % à la moyenne des ménages.

L'étude « Les baby-boomers en France », lancée en 2003, aide à comprendre comment ils vivent aujourd'hui et à connaître leurs espoirs quant au futur. On leur a demandé de parler de leur vie en détaillant cinq aspects en particulier : leurs relations avec leur famille et leurs amis, leurs revenus, leur travail, leur santé et leurs loisirs. On a cherché à savoir où ils se situaient par rapport à ces cinq domaines et où ils en seraient dans cinq ans. On a également voulu savoir où ils en étaient dans la réalisation de leurs « rêves » et quelles étaient les principales difficultés qu'ils rencontraient. Les conclusions de cette étude montrent qu'ils sont satisfaits dans beaucoup de domaines de leur vie. Ils envisagent généralement les prochaines années avec optimisme. La santé fait partie des trois points les plus importants qu'ils souhaitent améliorer. Sans elle, les autres domaines de la vie sont compromis. Cette génération commence seulement à prendre conscience de l'ampleur des effets de la réforme des systèmes de retraite. C'est aussi la génération qui a vibré en 1968, qui a vécu une certaine liberté sexuelle ; les plus âgés de cette génération ont connu la pilule contraceptive lorsqu'ils avaient vingt ans. La télévision est la nouvelle forme de communication pour la majorité d'entre eux. Charles Aznavour, Gilbert Bécaud, Johnny Halliday, Sheila vont émouvoir cette génération.

La génération X (1960-1975) se caractérise par le fait qu'elle se situe dans une période de transition du déclin de l'impérialisme colonial et la fin de la Guerre froide. Cette génération a vécu un creux de vague au niveau professionnel, trouvant difficilement des emplois stables et bien rémunérés. Une partie de cette génération a développé une certaine amertume, parfois exprimée sous forme d'agressivité envers les valeurs de la génération précédente. La génération X était, à l'origine, connue sous le nom de génération « *baby bust* », du fait du faible taux de natalité en comparaison à la période du baby-boom. Plus tard, le terme génération X a été adopté et conservé. Comme l'a écrit Jane Deverson en 1964 dans *Woman's Own*, c'est la génération qui couche avant le mariage, qui ne croit pas en Dieu, qui n'aime pas la Reine et qui ne respecte pas ses parents. Pour William Strauss et Neil Howe (sociologues américains, pères des études sur les générations), cette génération est « nomade », ce qui explique son engouement pour l'agressivité, le goût de l'aventure, le cynisme et la contre-culture qui s'oppose aux baby-boomers. Les émotions de cette génération sont en partie venues des groupes de punk rock et du livre de Douglas Coupland *Generation X : Tales for an Accelerated Culture*, qui dépeint l'anxiété des gens nés entre 1960 et 1965, qui n'étaient pas connectés avec la génération précédente.

The Cure et d'autres groupes punk et post-punk, rock alternatif et New wave, comme New Order, ont forgé l'ambiance culturelle de l'époque. Le grunge est souvent identifié comme le genre musical caractéristique de cette génération. Le groupe Nirvana est généralement considéré comme le révélateur de ce mouvement. La chanson *Smells Like Teen Spirit* a été décrétée une ode à la génération X.

Nombreux sont ceux qui considèrent que cette chanson est l'âme même des « X ». Leur musique est encore fort appréciée parmi ceux qui les suivent, la génération Y. Strauss et Howe affirment que cette génération est influencée et définie par une série de situations :

- une désaffection dans la gouvernance avec un manque de vérité dans le leadership, particulièrement dans les institutions ;
- une augmentation des divorces ;
- une augmentation de la femme au travail ;
- un mouvement d'arrêt de l'augmentation de la population ;
- une disponibilité de la pilule contraceptive ;
- les « *devil-child films* » ;
- une augmentation de l'éducation divergente ;
- une diminution de l'éducation fondée sur les prêts ;
- le début d'Internet ;
- la fin de la Guerre froide.

Le Yankelovich Report les a étudiés comme étant notamment en permanence à la recherche de diversité. Ils sont conscients que le futur est incertain, mais ils le considèrent comme étant « gérable ». Ils sont en général pragmatiques, et même parfois pessimistes, car ils ont grandi pendant des périodes de crises économiques. Ils se sentent entrepreneurs et estiment l'éducation comme un moyen de réussir, mais sont souvent individualistes, prompts à se plaindre. Bercés par la télévision, ils attachent également une grande importance à la musique et aux sports (extrêmes, de préférence). Ils maîtrisent l'informatique et trouvent que le travail est un « défi difficile ».

La génération Y comprend les personnes nées entre 1975 et 1994. Ces dates charnières sont variables d'un pays à l'autre. En Europe, on considère que les enfants qui n'ont aucune mémoire de dictature ou de communisme sont des « Y », puisque ces caractères sont habituellement attribuables à la génération X. Aux États-Unis, il s'agit de la quatorzième génération. Ils ont confiance en eux, sont optimistes, indépendants, orientés sur les objectifs, maîtres d'Internet et des ordinateurs personnels, instruits et perspicaces. Ils sont dès la tendre enfance d'habiles négociateurs, qui ont appris à vivre en synergie avec leurs parents du baby-boom. On les voit plus tolérants, moins radicaux que ceux qui les précèdent. Plusieurs ayant vécu dans un contexte de divorce ou dans une situation où les deux parents travaillaient, ils ont souvent été seuls. Les relations humaines sont devenues primordiales pour eux. Ils sont donc portés vers le travail d'équipe afin de créer des liens. En Amérique, dans un contexte de pénurie de main-d'œuvre, leur arrivée dérange certains employeurs : ils sont rares et savent ce qu'ils valent. Pour les membres de la génération Y, l'autorité n'est pas toujours synonyme de compétence. Ils rejoignent par là les *digital natives*. Ils n'ont pas peur de se comparer aux autres. Ils sont autant à l'aise pour communiquer à l'aide des technologies que directement. Contrairement à leurs parents, les jeunes de la génération Y ne placent pas le travail au premier plan. Ils refusent de travailler durant les fêtes et les week-ends, et veulent des congés pour décompresser, car la santé mentale et physique s'avère leur priorité. Ils recherchent une meilleure qualité de vie et s'attachent à concilier travail et intérêt personnel. Ils pensent à court terme et sont très mobiles. « *Progression rapide, horaires plus flexibles, formation continue, liberté et autonomie : voilà quelques-unes des exigences de cette génération, et les entreprises n'auront d'autre choix que d'en tenir compte.* »

Hédonistes au grand cœur, ce sont également des globe-trotters avides d'en connaître plus sur le monde. Strauss et Howe prédisent que les valeurs de gauche (altermondialisme, État-providence) seront accentuées durant l'apogée des Y. Leur intégration dans le cadre de l'entreprise où préexistent des salariés qui n'ont pas les mêmes codes sociaux demande un effort réciproque de compréhension. Selon Strauss et Howe, ce sera une génération de « héros ». Pour d'autres, plus conservateurs, elle sera plus terre à terre, car elle devra s'attacher à régler une crise imminente. En France, la génération Y est un groupe de 13 millions de personnes, ce qui représente 20 % de la population française (ils sont plus nombreux que la génération X). Si cette génération est définie par une empreinte démographique sur la pyramide des âges, elle s'en est affranchie pour devenir une véritable « culture », un « état d'esprit » que l'on retrouve chez les membres des autres générations.

Elle est familière des technologies, de ce que l'on nomme aujourd'hui le « web 2.0 », a accès à des outils de création et de communication que les générations précédentes ne pouvaient que rêver. Ainsi, par exemple, écrire un livre dans les années 1970 revenait à utiliser la machine à écrire et à démarcher auprès d'éditeurs, ce qui rendait la diffusion des ouvrages plutôt incertaine. En 2008, on peut écrire sur son site web personnel (blog ou autre) depuis n'importe quel ordinateur, la diffusion du contenu étant immédiate. Dans la culture de la génération Y, plusieurs nouveaux types d'émissions et de films ont fait leur apparition : des dessins animés et des films d'animation en 3 D, des blockbusters truffés d'effets spéciaux inconcevables trente ans plus tôt, ou encore des programmes de télévision violents ou immatures. Mais cette culture n'est pas seulement basée sur l'informatique, comme ce fut le cas de la génération X. Les membres de la génération Y ont vécu tous les grands bouleversements de la fin du XXe siècle : le sida, Tchernobyl.

L'utilisation du terme « génération Y » est controversée. Si la logique veut que l'on choisisse « Y » pour appeler la génération qui suit les « X », il se trouve que ce terme de X est péjoratif. Il a été choisi pour décrire une génération qui n'a pas su trouver ses repères, contrairement à celle de ses parents qui sortait de la Seconde Guerre mondiale et devait reconstruire le pays. On nomme aussi ceux de la génération Y :

• les « Millénaires », d'après William Strauss et Neil Howe qui considèrent que la génération Y court jusqu'à 2000 ;

•••

• • •

• la génération « pourquoi » par Eric Cheste, en raison de leur remise en cause systématique des contraintes qu'on peut leur imposer (Y en anglais se prononce comme why, qui signifie pourquoi) ;

• les echos-boomers qui, comme leurs parents, sont en train de changer le monde ;

• l'« e-génération », en référence au « e » de « électronique » ;

• la « Google génération », car ils ont toujours connu ce moteur de recherche ;

• les « suivants », pour leurs similitudes avec la génération X ;

• la « boomerang génération » pour quitter leurs parents assez tôt, mais revenir à la fin de leurs études ou suite à un échec.

Il est évident que les émotions ressenties par cette génération Y ne sont pas comparables à celles des autres générations X ou baby-boomers et ce, pour la simple raison que l'expérience de la vie courante, l'apprentissage lié aux événements n'a pas été de même nature.

Lorsque l'on veut communiquer des émotions liées aux fondamentaux d'une société comme le bien commun, la patrie, le devoir, les valeurs de la famille, la question se pose de savoir comment toucher le plus grand nombre à partir d'un seul et même type de message. En d'autres termes, le triangle des émotions fonctionne-t-il de façon identique pour tous ? La réponse est probablement non. Indépendamment de l'âge de la personne visée dans une communication, se pose également le profil de celui qui crée la communication. Un créatif Y n'a pas forcément l'imaginaire d'un X, qui a probablement lui-même beaucoup de difficultés à concevoir un message comme l'aurait pensé un baby-boomer.

■ L'ÉMOTION ÉCOLOGIQUE

On parle, on débat beaucoup aujourd'hui d'écologie, de biens durables, de réchauffement de la planète, de fin de l'ère « carbone », sans que chacun d'entre nous, dans son quotidien, ne change les choses ; sans que nous renoncions à notre 4 x 4, à l'air conditionné, à manger des fraises en janvier, à envoyer de l'eau d'Évian en chine... Il n'en reste pas moins vrai que c'est avec une certaine émotion que nous parlons, discutons, nous informons sur ce nouveau facteur qui trouble notre vie.

La réalité est peut-être tout autre. Au fond, pourquoi sommes-nous si intéressés par ce réchauffement planétaire et si peu concernés dans nos actes quotidiens pour pallier ce danger ? Les enfants adorent les histoires qu'on leur raconte avant qu'ils ne s'endorment. Ils ne cherchent pas de belles histoires, mais bien celles qui leur font peur. L'enfant aime les histoires terribles parce qu'elles lui apprennent sans danger à comprendre les choses qu'il ne connaît pas. Nos émotions face au réchauffement planétaire sont probablement du même ordre. Nous ne savons pas si tout ce que l'on nous raconte est vrai ou faux. Nous avons donc besoin qu'on nous raconte des histoires qui nous font très peur afin que nous nous habituions à un éventuel désastre. Face à un serpent, un crocodile ou une araignée nous nous figeons, nous sommes pétrifiés de peur, nous ne savons que faire. En fait, nous nous immobilisons pour ne pas attirer le regard de l'ennemi. C'est probablement ce qui explique en partie pourquoi nous continuons, malgré ce qu'on nous dit sur le réchauffement planétaire et les cataclysmes qui nous attendent, à vivre comme auparavant, sachant très bien que quelque chose de difficile se prépare. Si les enfants aiment les histoires qui font peur, ils ont aussi horreur du noir. La raison en est simple : dans le noir, ils ne peuvent pas trouver d'issue, de solution ; plus rien ne guide leur cerveau. On dit souvent que la nature a horreur du vide. Ce qui est encore plus vrai, c'est que nous n'aimons surtout pas le noir.

Face aux changements climatiques, le citoyen souffre de l'émotion du noir. Il ne sait pas quelle conduite personnelle tenir et comment résoudre un problème dont on lui parle et qu'il ne voit pas. Cette peur du noir, alliée au besoin qu'on lui raconte des histoires, va pousser le consommateur à s'informer, à écouter, à participer à tous les types de colloques. Plus on tentera de l'éclairer pour le sortir du noir, plus il répondra présent. Pour autant, il restera figé dans sa position actuelle, incapable de prendre une vraie initiative. Plus grave, la dissonance cognitive fera qu'il trouvera un intérêt à tous ceux qui lui diront que finalement il n'y a pas de réchauffement planétaire, que l'on a déjà vécu de telles périodes et qu'en tout état de cause la pollution de l'homme dans tout ça ne compte pour rien. Cette peur du noir va également s'exprimer eu égard à tout ce que l'on dit sur la crise financière mondiale. Il pourra alors avoir deux comportements différents : soit il fera comme dans les années 1935 et s'étourdira dans la joie, l'alcool, le sexe, les dépenses folles, soit au contraire il se renfermera sur lui-même avec ses proches et hibernera, comme cela a été le cas pendant la Guerre froide. De tels comportements probables doivent remettre en question les façons d'approcher le consommateur tant au niveau publicitaire qu'au niveau promotionnel. On ne parle pas à des enfants comme on parle à des adultes. Et en l'occurrence, aujourd'hui, face au réchauffement planétaire et à la crise financière imminente, nous sommes des enfants.

■ LE MARKETING ALTERNATIF

Dans les années 2000, l'Argentine s'est enfoncée dans un effroyable chaos économique. À cause de la parité dollars que le pays avait adoptée, le gouvernement, incapable de continuer à payer ses fonctionnaires et ses dettes, s'est vu obligé de dévaluer sa monnaie, entraînant tous ceux qui avaient un crédit ou des économies en dollars à se retrouver du jour au lendemain sans argent, ruinés. Impossible dans ces conditions pour les marques de conserver un marketing agressif, servi par des médias traditionnels comme la télévision. En d'autres termes, il fallait aux entreprises, aux fabricants de biens de grande consommation, inventer de nouvelles formes de marketing et de communication pour continuer à vivre, à vendre, pour ne pas perdre des parts de marché. Certaines marques comme Dove ont compris qu'il fallait mettre tous les efforts au point de vente en créant des émotions fortes au niveau des consommateurs, en lieu et place de la promotion classique et des moyens de PLV traditionnels.

Unilever Argentine décida de mettre des bataillons de démonstratrices dans chaque point de vente devant ses linéaires afin qu'elles accrochent la cliente, créent une relation émotionnelle forte au travers des promesses de beauté et de bien-être de la femme. Les résultats furent époustouflants. Non seulement les ventes résistèrent à la récession, mais elles progressèrent. On pouvait constater que les clientes étaient heureuses de voir que l'on faisait des efforts pour que, malgré la crise, elles soient belles et heureuses. Cela avait bien souvent pour conséquence, qu'après s'être liées d'amitié et de sympathie avec les démonstratrices, elles faisaient de réels efforts pour que leurs amies, voisines, collègues viennent, elles aussi, rencontrer les démonstratrices. Sans le savoir ou sans l'appeler ainsi, les responsables de la marque avaient inventé le marketing alternatif.

Il n'est pas de thèse d'étudiants de troisième cycle de marketing, d'agence de communication, de promotion qui ne parlent aujourd'hui de marketing alternatif. On sous-entend par « alternatif » l'utilisation d'Internet, voire de ses effets viraux, et non plus des grands médias de masse pour vendre des produits et des services. On ajoute à cela les notions de buzz marketing et de viral marketing sans trop savoir finalement ce qui est viral, bouche-à-oreille ou buzz. Ce sont là des visions erronées à tout le moins restrictives et incorrectes.

Le marketing alternatif se définit dans le marketing des émotions de la façon suivante :

- Jusqu'à il y a encore quelques années l'émotion, pour faire choisir, acheter, changer de marque, était essentiellement produite et transmise par les grands médias. Par et à cause des valeurs créatives des publicitaires, par et à cause des moyens techniques tous les jours de plus en plus impactants mis à la disposition des agences de publicité, les marques distillaient de l'émotion directement du producteur au consommateur. Aujourd'hui, dans de nombreux secteurs de consommation, on observe que cette façon de transmettre des émotions ne fonctionne plus ou fonctionne moins bien soit que le marché ne s'y prête plus, soit que le consommateur se trouve trop sollicité par la publicité, soit encore que l'on ne sache plus créer une communication vraiment émotionnelle ou que les médias soient effectivement trop coûteux pour permettre des développements de plus de 30 secondes.

- Face à cette réalité, certains opérateurs ont compris qu'il fallait aller chercher l'émotion à la source, c'est-à-dire dans la relation de l'individu à l'individu. Comme dans le cas de Dove en Argentine, il faut que le client transmette ses émotions à ses amis pour que ces derniers deviennent à leur tour des clients puis des vecteurs d'émotion et qu'une contagion rapide et large s'opère.

L'alternative ne réside donc pas dans le choix des médias, mais dans la stratégie de transmission de l'émotion. Pour communiquer une émotion, comme le dirait Monsieur de la Palisse, il faut d'abord en avoir une. Et cela n'est pas le cas de tous les produits. Le marketing alternatif ne peut donc se concevoir que dans le cas où l'on souhaite communiquer une émotion que le consommateur peut ressentir fortement et partager avec d'autres. Dans beaucoup d'ouvrages sont mises en avant deux conditions jugées essentielles pour réussir un bon marketing alternatif : la cause et la communauté.

La cause, c'est l'esprit, le combat qui unit, par exemple, ceux qui manifestent pour la libération du Tibet ou ceux qui participent et font participer leurs amis et leurs connaissances au Téléthon. Ce sont des causes fortes, politiques qui s'appuient sur des émotions profondes et largement partagées. Un petit groupe d'individus se répand, contamine des militants, les transforme en évangélistes et ainsi de suite jusqu'à la victoire, la grève, la manifestation. C'est la base de ce qu'il est convenu d'appeler une stratégie de buzz marketing[1]. La communauté, quant à elle, peut avoir deux significations. Ce peut être celle d'un groupe d'individus qui au même moment ressentent, partagent la même émotion – par exemple les socialistes, les anciens combattants, les supporters d'un club de football. Ce peut être aussi un groupe d'individus qui à un même moment partagent la même occupation, un même hobby – par exemple les joueurs d'échecs, les golfeurs ou les mamans qui vont chercher leurs enfants à la sortie de l'école.

Il faut estimer, lorsqu'on parle de produits de grande consommation – aspirateurs, téléviseurs à écran plat, etc. – s'il est possible de parler de cause et de communauté, donc de marketing alternatif. La consommatrice qui fréquente son supermarché quotidiennement peut-elle adhérer à une cause concernant ses sardines préférées, sa pâte dentifrice ou son magasin ? La réponse est oui, si le produit ou le magasin recèle ou sait créer en elle un authentique capital émotionnel. Deux notions paraissent importantes ici, celles de capital émotionnel et d'authenticité. Pour reprendre le cas de Dove, il faut savoir que les femmes en Argentine sont particulièrement fières d'être belles et bien habillées, à la mode. Elles aiment qu'on les regarde. Elles gardent en mémoire la beauté d'Evita, son courage et le soin qu'elle apportait à son maquillage, même lorsqu'elle était à l'article de la mort, minée par un cancer. Dans la crise des années 2000, ces femmes ne voulaient pas revenir en arrière et se laisser aller. Il y avait là une cause latente que Dove a su reprendre

---

1. Lire à ce sujet du même auteur *To buzz or not to buzz ?*, Éditons d'Organisation, 2007.

à son compte. Ce faisant, la marque s'est portée en défenseur de la beauté des femmes en montrant du doigt les fausses promesses de certains, la chirurgie esthétique, etc. Il ne s'est pas agi pour la marque de lancer une croisade contre les marchands de bonheur, mais tout simplement d'être authentiquement près des consommatrices et de les encourager à choisir le vrai, l'authentique « pro-âge », plutôt que les promesses sans lendemain des promoteurs de « l'anti-âge ». Ici, le capital émotionnel était très fort eu égard aux problèmes économiques du pays. Quant à la communauté, elle s'est créée, du moins en Argentine, à partir des consommatrices qui, deux fois par semaine, fréquentaient leur supermarché et se sentaient proches des démonstratrices qui, elles aussi, vivaient la crise avec courage.

Le marketing alternatif n'est donc pas lié seulement à des moyens de communication. La publicité, Internet, le téléphone mobile, le street marketing sont autant de médias qui peuvent être utilisés pour faire passer des émotions du produit non pas de façon descendante, mais bien de façon horizontale, c'est-à-dire de personne à personne. Les techniques permettant de mettre en œuvre ce type de stratégie et les modèles de fonctionnement du marketing alternatif sont nombreux et variés. Le plus répandu est celui communément appelé buzz marketing.

UN MARKETING « PROPAGANDISTE »

Si l'on veut transmettre des émotions pour faire changer de marque, pour en faire adopter une par le truchement des clients (marketing alternatif), ces derniers doivent véhiculer des mots, des idées pour contaminer le cerveau de leur interlocuteur et faire en sorte qu'il change de comportement. Ces mots, ces arguments peuvent être soit le fruit de leur créativité spontanée pendant la discussion, la démonstration qu'ils vont faire à leurs amis, soit une phrase, un mot qui leur sera suggéré par l'opérateur. La question se pose alors de savoir s'il faut proposer à ces clients prosélytes des slogans comme ceux que la publicité distille généralement par les médias ou si, au contraire, il faut effectivement construire des « trains d'information » (mèmes) qui entrent dans les cerveaux et changent les comportements. En d'autres termes, le marketing alternatif est-il ou doit-il être de forme mémétique ?

Le marketing alternatif est en réalité une façon habile de faire de la propagande en faveur d'un produit. C'est un moyen efficace qui vise à déstabiliser les certitudes du consommateur pour le convertir à adhérer à une nouvelle marque. De ce fait, le marketing alternatif pourrait s'apparenter à une forme pacifique de propagande. Serge Chakotin a analysé les diverses façons auxquelles ont eu recours les pouvoirs en place pour transmettre leurs idéologies. Il explique, au fond, le « comment faire » pour utiliser le citoyen, ici le consommateur ou client, afin qu'il réalise un marketing alternatif efficace, mais pacifique. Il est évident que le fait d'assimiler le marketing alternatif à une forme de propagande, même pacifique, va choquer certains lecteurs. Rappelons-nous que le mot « propagande » n'a pas été inventé par les régimes totalitaires, mais bien par le Vatican et qu'à l'origine, il n'évoquait pas la propagation d'une information déformée.

Aujourd'hui, la propagande désigne la stratégie de communication utilisée par un pouvoir (ou un parti) politique ou militaire pour influencer la population dans sa perception des événements ou des personnes. De même que la publicité vise le plus souvent à produire un acte d'achat ou à présenter de manière positive des comportements, la propagande cherche à convaincre sur un ensemble d'idées et de valeurs, à mobiliser, parfois à convertir, au bénéfice d'une puissance civile ou martiale. D'une manière plus générale, la propagande est l'art de propager à grande échelle des informations fausses ou non, mais toujours partiales. Les techniques de propagande modernes reposent sur les recherches conduites dans les domaines de la psychologie et de la communication. Elles se concentrent sur la manipulation des émotions, au détriment des facultés de raisonnement et de jugement.

Dire que le marketing alternatif est de forme « propagandiste » n'a rien de péjoratif. L'entreprise, convaincue que son produit est meilleur pour le consommateur que celui qu'il utilise couramment, se donne les moyens de véhiculer non plus du producteur au consommateur, mais bien du consommateur au consommateur, les émotions, le plaisir de sa marque. Pour ce faire, elle utilise des moyens de communication et propage des idées, des mots d'ordre et plus généralement des mèmes.

■ L'ARCHITECTURE DE NOS CHOIX ET DE NOS ÉMOTIONS

Dans leur livre *Nudge* (mot qui signifie « pousser du coude, donner un petit coup de coude ») Richard Thaler et Cass Sunstein expliquent nos façons de choisir entre plusieurs options, notamment à travers l'exemple suivant. Imaginez que vous entriez dans une cafétéria sur le coup de midi. Qu'allez-vous regarder en premier ? Probablement le salade-bar et/ou l'emplacement réservé aux burgers, aux frites. Puis vous allez vous poser immédiatement la question : où sont les gâteaux, les fruits ? Sans vous en rendre compte, vous êtes dépendant d'une « architecture de choix » qui vous est imposée soit par la société, soit par vos habitudes, soit encore par ceux qui gèrent la cafétéria.

De fait, ces architectures de choix définissent la façon dont nous consommons ; elles sont mises en place pour nous donner un « coup de pouce » et nous orienter dans des directions favorables, sans toutefois restreindre notre liberté de choix. Quiconque influence l'organisation, la présentation ou la description des choix d'autres personnes est un architecte du choix. Ainsi, le directeur d'une cantine scolaire (de même qu'un responsable de merchandising) est un architecte du choix, car en mettant les fruits bien en vue, il peut augmenter la consommation de pommes par rapport à celle de barres chocolatées. Le monde foisonne d'architectes du choix :

parents, chefs religieux, sociétés de cartes de crédit, banquiers, enseignants, pharmaciens, courtiers en prêts hypothécaires, médecins et infirmières, autorités publiques, etc. On peut aussi avancer qu'il existe des architectes d'émotions qui nous conduisent à faire des choix que naturellement nous n'aurions pas faits.

En reprenant ce qui a été décrit précédemment sur la segmentation à partir des quatre générations, on peut admettre que chaque segment a eu ses architectes du choix et d'émotions. Il est intéressant de noter, par exemple, que la plupart des élites françaises de gauche qui ont conduit le pays comme Jacques Delors, Lionel Jospin, Michel Rocard ont tous été « construits » par le point de vue d'hommes d'influence comme Pierre Boussel, mieux connu sous son pseudonyme de Pierre Lambert, et Yvan Craipeau, tous deux fondateurs de la pensée trotskiste française. Ces hommes ont donné une certaine vision du monde et de ses injustices à de jeunes universitaires en quête d'un idéal de justice. Plus tard, lorsqu'ils ont été au pouvoir, ils ont été les architectes de la façon actuelle qu'une grande partie de la population a d'interpréter le monde. Des syndicats comme FO raisonnent encore sur cette approche du monde et sur ses contradictions.

Il est fort probable que la loi fixant à trente-cinq heures la durée hebdomadaire du temps de travail en France puisse être considérée comme l'architecte principal de notre façon de concevoir le travail, nos loisirs et plus généralement notre façon d'apprécier la « valeur travail » de ceux qui nous entourent.

Conclusion

Antonio R. Damasio écrivit : « *La façon dont j'envisage les êtres humains peut être décrite ainsi : il s'agit d'organismes se trouvant à la naissance dotés de mécanismes automatiques de survie et qui acquièrent par l'éducation, la culture, un ensemble de stratégies supplémentaires désirables et socialement acceptables leur permettant de prendre des décisions. Ces stratégies, à leur tour, augmentent leurs chances de survie, améliorent remarquablement la qualité de celle-ci et fournissent la base de la construction de la personne.* »

De façon égoïste, mais non critiquable, le marketing vise depuis toujours à développer dans le cerveau de l'être humain (consommateur ou client) des mécanismes de prise de décision de marques, de produits ou de systèmes pour le compte de l'entreprise. Il est évident que cette éducation orientée du cerveau du consommateur faite par chaque produit, par chaque marque, finit par mettre en place une véritable architecture de choix, une sorte de modèle d'approche de la façon de choisir et de consommer. C'est cette architecture que doit transformer, reconsidérer le nouveau marketing. Pour lancer de nouvelles marques, pour conquérir de nouveaux consommateurs, l'entreprise doit, dans la mesure du possible, changer la carte mentale du consommateur, faute de quoi il faudra, eu égard à l'absence de différence entre les marques, continuer à assourdir le consommateur par des publicités tapageuses ou tout simplement continuer à faire moins cher que le voisin. Les mécanismes de l'émotion apparaissent ainsi comme les *nouveaux leviers du marketing post-Kotler*.

Cette nouvelle approche met en lumière la nécessité urgente de se doter de nouveaux moyens d'investigation. On ne peut pas définir des stratégies marketing ou des stratégies de marques sans avoir d'information sur le consommateur, le prospect, le client. Il va de soi que les outils actuels utilisés par les entreprises tels que les interviews en face à face, les *focus groups*, voire les questionnaires quantitatifs ne sont pas parfaitement appropriés à la reconnaissance et à la détection des émotions. Si aujourd'hui on voit d'un mauvais œil le fait de mettre le consommateur sous scanner pour observer comment fonctionne son cerveau, s'il paraît impossible d'implanter des électrodes dans son cerveau pour mesurer comment l'émotion produit des effets électriques, de prendre en compte les battements de son cœur et sa pression artérielle, pourtant il y a environ un siècle Williams James avançait déjà : « *Si nous essayons de nous représenter une émotion très forte, mais si nous nous efforçons de faire disparaître de notre conscience toutes les impressions qui correspondent à sa traduction corporelle, nous constatons qu'il ne reste rien, aucun "matériau mental" à partir duquel on puisse se représenter l'émotion en question et qu'à la place on ne perçoit de façon intellectuelle qu'un état neutre et froid. Quelle sensation de peur resterait-il si l'on ne pouvait ressentir ni le battement accéléré du cœur ni le souffle court ni les lèvres tremblantes ni le mal au ventre ? Il m'est impossible de l'imaginer...* » Il faut, en regard de cela, reconsidérer les démarches classiques du marketing *research*.

Ce que nous pouvons avancer sans risque d'erreur, c'est que toute émotion se traduit par une action ou réaction. Il faut donc, d'un côté détecter les stimuli qui affectent le cerveau du consommateur et, de l'autre, observer leurs effets en termes de comportement. Autrement dit, pour résoudre un problème de merchandising, de packaging, de prix, de communication, il convient de mettre en place différentes expériences et d'observer leurs effets sur le choix que fait le consommateur. Pour savoir quel merchandising mettre en place, il est préférable d'organiser deux ou trois configurations d'agencement de produits, puis de constater ce qui semble donner les meilleurs résultats quitte, ensuite, à investir pour comprendre le pourquoi des bons résultats de l'une de ces configurations.

Il est patent que le cerveau des consommateurs recèle des secrets – que nous appelons aujourd'hui « attentes, besoins » – que nous voudrions connaître. Tout le marketing actuel vise à découvrir ces secrets pour mieux communiquer et vendre les produits. Là encore, il ne paraît pas évident qu'il puisse nous les livrer sur simple demande. Si c'était le cas, les grands échecs qui se sont produits chez Renault, Coca-Cola et Smart n'auraient pas eu lieu. Heureusement, les approches classiques ont aussi souvent permis de réaliser des succès incontestables... Mais ce qui va dominer le marketing à venir dans cette civilisation d'hyperchoix, c'est l'analyse des frustrations liées justement au fait de choisir. Pour déceler, comprendre ces frustrations, il va falloir que les responsables marketing, les chefs de produits se forment aux théories de l'émotion et deviennent eux-mêmes des spécialistes. Personne ne pourra leur faire ressentir une émotion qu'ils n'auront jamais eux-mêmes ressentie. Les marketeurs de demain seront davantage sur le terrain, chez le consommateur, que dans leurs bureaux ou en réunion pour définir les coûts et les affectations budgétaires. Les entreprises qui vont dominer le marché seront celles qui auront compris que l'on ne peut pas traiter de l'émotion si l'on ne se trouve pas soi-même dans un contexte émotionnel.

Il faut s'attendre à ce que les nouvelles agences de publicité et de promotion se définissent à partir de leur capacité à créer de vraies émotions, c'est-à-dire celles qui font changer les choix et les comportements. On le sait aujourd'hui, l'entreprise achète souvent une campagne « à l'émotion », c'est-à-dire à son ressenti face à la créativité qu'on lui présente. Parfois les annonceurs sont perspicaces et choisissent de publier des campagnes qui effectivement créent l'émotion. D'autres fois, ils ne le sont pas et se déterminent sur des publicités qui ont pour effet d'irriter le consommateur. Là encore, il va falloir dans un futur proche mesurer les répercussions d'une campagne publicitaire en trouvant un chemin pour en voir les effets dans le cerveau.

Bibliographie

John R. Anderson, *Cognitive Psychology and its Implications*, W.H. Freeman, 1980.

Magda Arnold, *Contribution to Emotion Research and Theory*, Psychology Press, 2006.

Alain Berthoz, *La Décision*, Odile Jacob, 2003.

Alain Berthoz, *Chaire de physiologie de la perception et de l'action*, Collège de France, 1995.

Sébastien Bohler, *La Chimie de nos émotions*, Aubanel, 2007.

Richard Brodie, *Virus of the Mind*, Integral Press, 1995.

Walter B. Cannon, *Bodily Changes in Pain, Hunger, Fear and Rage*, Kessinger Publishing, 2007.

Serge Chakotin, *Rape of the Masses : The Psychology of Totalitarian Political Propaganda*, Haskell House Pub Ltd, 1982.

Georges Chétochine, *To buzz or not to buzz ?*, Eyrolles, 2007.

Georges Chétochine, *Le blues du consommateur*, Éditions d'Organisation, 2005.

Jacques Cosnier, *Psychologie des émotions et des sentiments*, Retz, 1994.

Douglas Coupland, *Generation X : Tales for an Accelerated Culture*, St. Martin's Griffin, 1992.

Mihaly Csikszentmihalyi, *Vivre la psychologie du bonheur*, Pocket, 2006.

Antonio R. Damasio, *L'Erreur de Descartes*, Odile Jacob, 1997.

Richard Dawkins, *The Selfish Gene*, Oxford University Press, 1989.

Richard Dawkins, *The Extended Phenotype : The Gene As the Unit of Selection*, Oxford University Press, 1999.

René Descartes, *Discours sur la méthode*, Flammarion, 2000.

Paul Ekman, *The Nature of Emotion*, Oxford University Press, 1994.

Léon Festinger, *When Prophecy Fails*, Pinter & Martin Ltd, 2008.

Nico H. Frijda, *The Emotions*, Cambridge University Press, 1987.

Seth Godin, *Tous les marketeurs sont des menteurs : Tant mieux, car les consommateurs adorent qu'on leur raconte des histoires*, Maxima Laurent du Mesnil, 2006.

Seth Godin, *Permission Marketing*, Maxima, 2000.

Seth Godin, *La Vache pourpre*, Maxima, 2004.

Paul Hawken, *The Next Economy*, Henry Holt & Co, 1987.

Paul Hawken, *Growing a Business*, Simon & Schuster, 1988.

Paul Hawken, *The Economy of Commerce : A Declaration of Sustainability*, Copyrighted Material, 1994.

Paul Hawken, *The Ecology of Commerce*, Harpercollins, 1993.

Paul Hawken, *Natural Capitalism*, Little Brown and Company, 1999.

Paul Hawken, *Blessed Unrest*, Viking Books, 2007.

Jeff Hawkins, *How Brain, Sciences Will Change Computing On intelligence*, Times Books, 2004.

Erich Joachimsthaler, *Brand Leadership, the Next Level of Brand Revolution*, Press, 2000.

Paul Kleinginna, Anne Kleinginna, *A Categorized List of Emotion Definitions with Suggestions for a Consensual Definition*, Motivation and Emotion, 1981.

Philip Kotler, *Marketing Management : Analysis, Planning, Implementation and Control*, Prentice Hall, 1967.

Richard Lazarus, *Emotion and Adaptation*, Oxford University Press, 1994.

Joseph LeDoux, *The Emotional Brain*, Simon & Schuster, 1998.

Jacques Lendrevie, Julien Lévy, Denis Lindon, *Mercator : théorie et pratique du marketing*, Dalloz, 2000.

Theodore Levitt, *Marketing Myopia*, Harvard Business Review, 2008.

Paul MacLean, *The Tribune Brain in Evolution : Role in Paléocerebral Functions*, Kluwer Academic publishers, 1990.

Abraham H. Maslow, David Aaker, Sébastien Bohler, *Theory of Human Motivation*, Originally Published in *Psychological Review*, 1943.

Friedrich Nietzsche, *Par-delà le bien et le mal*, Flammarion, 2000.

Robert Plutchik, *Emotions : Facts, Theories and a New Model*, Random House, 1962.

Robert Plutchnik, *Emotion : A Psychoevolutionary Synthesis*, Harpercollins, 1980.

Mark Prensky, *Don't Bother Me Mom, I'm Learning*, Paragon House, 2006.

Jean-Paul Sartre, *L'Être et le Néant*, Gallimard, 1964.

Barry Schwartz, *The Paradox of Choice*, Ecco, 2005.

Martin Seligman, *La Force de l'optimisme*, InterEditions, 2008.

William Strauss, Neil Howe, *Generations : The History of America's Future*, Morrow, 1991.

Kenneth T. Strongman, *The Psychology of Emotion : From Everyday Life to Theory*, Wiley, 2003.

Kenneth T. Strongman, *The Psychology of Emotion : Theories of Emotion in Perspective*, Wiley, 1996.

Richard Thaler, Cass Sunstein, *Nudge*, Yale University Press, 2008.

Index général

A

above the line 58
accueil 53
achats d'obligation 81
achats plaisir 81
adrénaline 69
alternative 73
amygdale 39
âne de Buridan 39
anxiété 41, 42, 43, 44, 45, 48,
    49, 51, 54, 57, 58, 59, 66,
    68, 70, 71, 74, 75, 77, 78,
    118, 120, 167
architecture de choix 179
attachement à la marque 50
attente émotionnelle 80
authenticité 33, 176, 177

B

baby-boomers 166
behaviorisme 128, 163
below 58

(deuxième colonne)

below the line 74
besoin 115
bien-être 50
bouche-à-oreille 44, 85, 174
buzz marketing 84, 134, 176

C

capital émotionnel 177
cartes de fidélité 92
cause 86, 176
cerveau reptilien 154
choix horizontal 105
choix vertical 105
communauté 84, 176
communauté marketing 133
compassion 152, 153, 159
complicité 50
consommateurs objets 95
contexte favorable 157
contrôles techniques et de
    qualité 55

coopération 104

cortex orbitofrontal 40

cortex préfrontal ventral
    médian 13

cortex prémoteur 72

corticodépendance 41

CRM 133

culpabilisation 42

culpabilité 71

cycle de vie des marques 54

D

digital natives 148

dissonance cognitive 101

distribution 55

diversité 168

doute 71

E

écologie 86

effet d'atterrissage 128

émotion du souvenir 51

émotion écologique 172

émotion mémétique 155

éthique 90

évaluation 162

F

fidélisation 92

flexibilité 40

flot 103

fournisseur objet 61

fournisseur sujet 62

fréquence d'achat 92

frustration 101, 113, 116, 119

G

génération X 167

génération Y 168

générations 148

générations d'émotion 165

gentillesse du personnel 53

glandes pituitaires 47

glandes surrénales 67

gyrus para-hippocampal 67

H

haine 83

harcèlement 108

hippocampe 39

histoire de la marque 50

hormone
    adrénocorticotrophique 47

hormones stéroïdes 47

hyperchoix 105

hypercommunication 56

I

inconscient collectif 155

inévitabilité 73

injustice 83

insula 67

L

libre-service 76

M

manipulation 178

marges arrière 62

marketing alternatif 173

marketing d'interruption 107

marketing mix 116

marketing relationnel 110, 132

marketing traditionnel 115

marque absolue 41

marque combat 85

marque d'enseigne 80

marque de distributeur 38

marque de notoriété 92

marque de service 95

marque générique 63

marque leader 65

marque intemporelle 96

marque logo 96

marque ombrelle 49, 63

marque relative 50

marque transparente 53

marque plus 91

mème 156

mémoire émotionnelle 14

merchandising 88, 127

N

noyau accumbens 39

O

ocytocine 50

off service 136

opioïdes endogènes 110

P

partage des émotions 120

perception 129

perception inconsciente 129, 164

peur 41

peur conditionnée 69

plaisir de la tranquillité 49

plaisir gustatif 41

PLV 174

positionnement 25

pouvoir d'achat 81

préférence 39

processus de décision 39

produit de luxe 65

produit santé 55

profit par client 129

profit par produit 129

propagande 85, 178

proximité 53, 79

PSL 130

psychologie évolutionniste 122

psychologie réactive 122

publicité comparative 94

punition 84

pureté 49

pushing 88

R

récompense 146

récompense du prix bas 52

repère émotionnel 82

révélation 160

risque 41

rumeur 155

ruptures de temps 145

S

satisfaction 84, 103

segmentation 165

seniors 165

service-in 137

société de consommation 56

split run 25

stress 47

striatum 67

subisseur 109

sweatshop 90

T

temps 141

temps perdu/récompense 146

théories de la physiologie de la préférence 39

théories des émotions 4

traçabilité du client 131

transfert d'émotion 152

triangle des émotions 159

U

unic selling proposition 22

V

valeur 128

variable anxiogène 36, 48

variable attachement 58

variable plaisir 48

variable plaisir attendu 34

vécu émotionnel 36

vendeurs 76

viral marketing 174

vision 86

Z

zéro frustration 113

Index des noms propres et des marques

A

Aaker, David 29
Adidas 63, 64
Ahneman, Daniel 100
Ajax 34
Albertin 31
Aldi 30, 108
American Apparel 89
Ariel 33, 42, 61
Arnold, Magda 162
Atlas 87
Auchan 30, 86
Avantime 26
Azur 53

B

Baccarat 46
Bechara, Antoine 11
Bekhterev, Vladimir M. 122

Bershka 89
Berthoz, Alain 3, 39
Bic 26
Blood, Ann 67
BMW 29
Bohler, Sébastien 7, 69
Bonne Maman 30, 34
Bosch 117
Botanic 79
Bourdieu, Pierre 122
Brita 136
Brodie, Richard 156
Bugatti 57
Bush, George W. 16

C

Cannon, Walter B. 163
Carrefour 30, 79, 80, 142
Casino 33, 81, 87

Chakotin, Serge 178

Chanel 30, 47, 63, 64

Charles, S. 150

Charney, Dov 89

Cheste, Eric 171

Clark, Watson 2

Classe A 26

Clinton, Bill 89

Clio 26, 76

Coca-Cola 29, 60, 109

Colgate 42

Conti 77

Continental 77

Cosmides, Leda 122

Cosnier, Jacques 35

Coty 45

Coty, François 45

Coupland, Douglas 167

Csikszentmihalyi, Mihaly 103

D

Daimler, Gottlieb 23

Damasio, Antonio R. 9, 10, 11, 12, 13, 14, 49, 153, 181

Danette 34

Danone 33

Darty 118

Dawkins, Richard 156

Décathlon 30, 80, 117

Dell 105

Descartes, René 7

Dior 63

Dove 174

Dupont de Nemours, Pierre Samuel 19

Durham, David 67

Dyson 117

E

E. Leclerc 30, 33, 81

EDF 95

Egan, Louisa 108

EGG 147

Ekman, Paul 2

Electrolux 117

Émail Diamant 55

Eurotyre 76

Evinrude Outboard Motors Company 22

Evinrude, Ole 23

Evita 176

F

Festinger, Léon 101

Ford, Henry 23

France Télécom 97

Free 97

Frijda, Nico H. 2, 35

G

Gamble, James 21

GDF 95

Gillette 18

Gillette, King 18
Giscard d'Estaing, Valéry 73
Go Sport 118
Godin, Seth 107
Goodyear 19, 77
Google 26, 150

H

Hawken, Paul 89
Hermès 63, 64, 65
Hermès, Charles-Émile 64
Herta 57
Hoover 117
Howe, Neil 165
HP 105
Hull, Clark L. 122

I

Ikea 80
Intersport 118
iPhone 9
Ivory 21
Ivory Baby 22

J

James, William 163
Jardiland 79, 80
Joachimsthaler, Erich 29

K

Khalfa, Stéphanie 67
Kimberly-Clark 25

Kleber 77
Kleenex® 25, 52
Kleinginna, Anne 2
Kleinginna, Paul 2
Kodak 56
Kotler, Philip 5, 17, 182
Kraemer, David 67

L

L'Équipe 26
La Croix 55
Laguna 66
Lalique, René 46
Lang, Jack 82
Lazarus, Richard 2, 164
Le Manège à Bijoux 82
Le Sport 26
Leader Price 30
Leica 56
Lendrevie, Jacques 17
Leroy Merlin 30
Lesieur Tournesol 37
Lever, William H. 54
Levesque, Alain 165
Levitt, Theodore 17
Lexus 66
Lidl 30
Lindon, Denis 17
Lorenz, Konrad 122
Lotus 52
Lux Flakes 54

M

M. Bricolage 87
Mac 73, 105
Mack Kittrick, John B. 15
Mammouth 81
Marionnaud 80
Marlboro 34
Maslow, Abraham H. 34, 121
Massimo Dutti 89
Mégane 66
Menier 54
Mercedes 26
MG 57
Michelin 76
Miele 117
Milner, Peter 32
Mitterrand, François 73
Mixa bébé 64
Monopoly® 9
Moulinex 56

N

Nestlé 33
Nietzsche, Friedrich 72
Nike 35, 63
Nintendo DS 103
Nivea 60
Nivea Crème 64
Norauto 76
Nustikao 36, 40
Nutella 36, 40

O

Obao 64
Olds, James 32
Olds, Ransom 23
Olida 57
Orange 79, 97
Oysho 89

P

Pampers 61, 68, 69
Panhard 57
Pankseep, Jaak 2
Pavlov, Ivan P. 122
Pedigree Pal 42
Pfizer 19
Platon 7
Polaroid 56
Poulain 54
Poulain, Victor-Auguste 54
Prensky, Mark 148
Président 61, 109
Procter & Gamble 21
Procter, Harley 21
Procter, William 21
Produits Repères 33, 82
Pull and Bear 89

Q

Que choisir 134
Quechua 33

R

Ray-Ban 151

Renault 26, 66

Rostand, Jean 122

Royal, Ségolène 102

S

Sarkozy, Nicolas 16

Schachter, Stanley 163

Schwartz, Barry 100, 108

Schwartz, David 67

Seb 56

Seligman, Martin 68, 103

Sephora 80, 88

SFR 79

Shell 53

Sidaction 161

Signal 42

Singer, Jerome 163

Skinner, Burrhus F. 122

Skip 41

Smart 183

SNCF 95, 96

Soixante millions de consommateurs 134

Sony 30, 105

Sports 2000 118

Steinway, William 23

Stradivarius 89

Strauss, William 165

Strongman, Kenneth T. 4

Suchard 54

Sunlight 54

Sunstein, Cass 179

T

Takahashi, Hideiko 71

Tampax 61

Téléthon 161

Tempo 75

TER 95

Texaco 53

tf1 148

Thaler, Richard 179

Thompson, W.P. 54

Timothée 64

Tolman, Edward C. 122

Tönnies, Ferdinand 133

Tooby, John 122

Toshiba 105

Total 53, 80

Toyota 66

Truffaut 79

Tversky, Amos 92, 100

Twingo 26

U

Unilever 174

Uniroyal 77

V

Velsatis 26

Viagra 19
Vive le jardin 79
Voisin 57

W

Wanadoo 97

Z

Zajonc, Robert 164
Zara 30, 88
Zatorre, Robert 67

Composé par **STYLE INFORMATIQUE**

Dépôt légal : septembre 2008
N° d'éditeur : 3717
IMPRIMÉ EN FRANCE

Achevé d'imprimer le 17 septembre 2008
sur les presses de l'imprimerie « La Source d'Or »
63039 Clermont-Ferrand
Imprimeur n° 12323

Dans le cadre de sa politique de développement durable,
La Source d'Or a été référencée IMPRIM'VERT®
par son organisme consulaire de tutelle.
Cet ouvrage est imprimé - pour l'intérieur -
sur papier offset "Amber Graphic" 110 g
des papeteries Arctic Paper, dont les usines ont obtenu
la certification environnementale ISO 14001
et opèrent conformément aux normes E.C.F. et E.M.A.S.